| 生活技能 027 |

開始在義大利自助旅行

作者◎ 吳靜雯

協力攝影◎ 吳東陽

太雅

「遊義大利鐵則」

☑ 進門，請大聲說Ciao！

理由： 熱情的義大利人習慣踏進商店或餐廳時，看著對方簡單的道聲：「早安Buongiorno或下午好Buonpomeriggio或晚上好Buonasera」，或是一句萬用的Ciao，無論是見面或再見都行。

☑ 義大利人愛罷工，為自己爭取權利！

理由： 義大利人罷工情況相當頻繁，其中以大眾運輸的罷工對遊客影響最大，不過照法律規定，市區交通即使罷工的話，也應在最早班08:45及15:00～18:00期間營運(火車06:00～09:00，18:00～21:00)，以便大眾上下班。

☑ 義大利吃冰淇淋，全民總動員！

理由： 義大利冰淇淋好吃的程度，足以讓義大利男女老少，毫不在意自己的形象，忘我地舔著手中的冰淇淋。

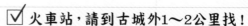

☑ 餐桌禮儀丟一邊，吃飯我最大！

理由： 民以食為天，義大利人更是奉此則如皇旨，什麼歐洲人講究的優雅都可先放一邊，吃得高興、過癮，才是最重要的。(當然，不打擾到別人的程度內)。

☑ 省錢喝咖啡，請立正站好！

理由： 坐著喝咖啡絕對比站著喝還貴，若要省錢，請到吧台跟當地人擠個位置吧！冰淇淋也是一樣喔，帶著走比坐下來吃還便宜！

☑ 火車站，請到古城外1～2公里找！

理由： 火車對古老的義大利來講，絕對是現代產物，所以火車站不可能出現在古城區中，一定是蓋在距離古城區外1～2公里處。一般由火車站到市區步行約20～30分鐘，否則也可搭市區公車。

☑ 小車當道！

理由： 義大利古城區的街道都相當小，所以義大利人習慣開小車，大車反而少見。

☑ 水果別碰！

理由： 逛市場時別自己拿老闆擺得美美的水果，若有需要可請老闆拿。

☑ 義大利老人多，暖氣無比強！

理由：義大利老人多，冬天室內暖氣都開很強，若是穿衛生衣褲的話，可能只有冒汗、難熬的分了。

☑ 擤鼻涕聲大如吹喇叭！

理由：義大利人擤鼻涕時都會拿著衛生紙如吹喇叭般的大聲擤。

☑ 義大利人就愛老古董！

理由：義大利不但有許多千年古遺跡，就連路上都可看到許多古董車，電梯用的是舊式電梯，門得自己開關。

☑ 小心抱小孩的黑髮長辮者！

理由：在羅馬街道最常見黑黑、穿著花長裙、穿涼鞋還穿襪子、綁馬尾、抱著或推著孩子的吉普賽人，他們可是惡名昭彰的神偷。而他們的新生代也已經長大成人，所以現在也需要注意白淨瘦瘦的年輕人，尤其是拿著地圖遮手企圖偷東西者。

☑ 精品名牌，排排站！

理由：各城市的購物區都會集中在同一區或同一條街道，各大精品名店排排站任你挑，簡直就是個平面式的百貨商場。

☑ 義大利男生怎麼戴太陽眼鏡

理由：很多義大利男生到室內後，會將太陽眼鏡直接掛在額頭上，而不是一般常見的頭頂，就跟《航海王》的佛朗基一樣啦！

☑ 衛生紙，請丟馬桶！

理由：義大利如廁後的衛生紙都會丟到馬桶中沖掉，可別像在台灣丟到垃圾桶中，會嚇壞清潔人員！

☑ 義大利隨處可見飛車黨！

理由：義大利人除了將熱力散發在與人接觸上，還淋漓盡致地用在飛車上，在高速公路或山路開車時，展了翅膀的飛車可是無所不在啊！

「遊義大利必知」

Uscita / 出口　　　　　　Entrata / 入口

Biglietteria / 購票處

Ingresso / 入口　　　　Spingere / 推

免費入場

禁止進入

ZTL古城車輛進入區

義大利插座

地鐵站

匯兌處

Sconti / 特價

0樓等於我們的1樓

Completo / 客滿

有蓋的是馬桶，沒蓋的是坐浴盆

「背包客討論區」

Q1

常聽說義大利有很多小偷或搶案，義大利自助到底安不安全？

雖然羅馬等大城市常有偷竊事件，但明目張膽的搶劫倒是較少見(因為小偷技術太好，不需來明的)。義大利幾乎是一年到頭遊客如織，重要景點附近也有警察，只要不走夜巷或到較偏僻的地方，並不需要太過擔心。在南部開車，晚上一定要把車停放在有人管理的停車場或旅館所提供的停車場。

Q2

一個人到義大利旅行時，需注意哪些事情？

一個人到義大利自助旅行，只要自己多注意點，不會有太大的問題。很推薦個人旅行住在青年旅館，可以跟同宿的人結伴出遊，尤其是晚上可以一起出去吃晚餐。搭夜火車時，女生可訂女性車廂。車廂內都有內鎖，睡覺時記得鎖上，若有任何問題每個車廂也都有隨車人員。

Q3

到義大利需要購買火車Pass嗎？持義大利火車Pass可以到法國、瑞士或其他國家嗎？

若提早確認行程，在官網預訂早鳥票，其實也不一定要買火車通行券。但若想隨性旅遊，不想被預定行程綁住，則可以考慮買通行券。然而，持通行券者搭乘高鐵上車前還是要先預訂座位，高鐵乘客不可站著，一定要有位置。(請參見P.65)

Q4

義大利除了經典城市之外，還有什麼比較有趣的主題呢？

除了經典大城市可看藝術之外，托斯卡尼與北部湖區小鎮也相當迷人。而以美食著稱的義大利，若是以此為主題的話，更是有趣又可直觸義大利精華所在。若想體驗義大利強烈的個性與人情，那麼西西里島與拿坡里、普伊亞地區，絕對是最佳選擇。(請參見主題旅遊P.12～15，以及行程規畫P.140～143)

Q5

義大利到底適不適合自己開車旅行？

若是全家或多人一起旅行的話，可以提前在網路上訂車，行李可全部放在車上，免除拖行李之苦。只是要熟悉手排車駕駛，再加上義大利的地形上上下下的，有些路又很狹窄，有點技術挑戰。

最推薦的自駕遊區域是托斯卡尼及北部湖地區，這區車輛少、路況佳，自駕遊較能自在地遊逛各個美麗的小鎮、酒莊與Outlet等。(請參見P.74)

Q6

行動支付在義大利方便嗎？

目前已經相當便利，除了小攤販外，幾乎都接受行動支付，信用卡普遍可用。若不想多負擔國際行動支付的手續費者，則可以多帶點歐元去盡情揮灑。

開始在義大利自助旅行 全新第八版

作　　　者	吳靜雯
攝影協力	吳東陽

總 編 輯	張芳玲
發想企劃	taiya旅遊研究室
編輯主任	張焙宜
企畫編輯	張敏慧
特約主編	簡伊婕
修訂主編	鄧鈺澐
封面設計	許志忠
美術設計	許志忠
地圖繪製	許志忠

太雅出版社
TEL：(02)2368-7911　FAX：(02)2368-1531
E-mail：taiya@morningstar.com.tw
太雅網址：http://taiya.morningstar.com.tw
購書網址：http://www.morningstar.com.tw
讀者專線：(02)2367-2044、(02)2367-2047

出 版 者　太雅出版有限公司
　　　　　106020台北市辛亥路一段30號9樓
　　　　　行政院新聞局局版台業字第五○○四號

讀者服務專線：(02)2367-2044 / (04)2359-5819#230
讀者傳真專線：(02)2363-5741 / (04)2359-5493
讀者專用信箱：service@morningstar.com.tw
網路書店：http://www.morningstar.com.tw
郵政劃撥：15060393(知己圖書股份有限公司)

法律顧問　陳思成律師

印　　　刷	上好印刷股份有限公司　TEL：(04)2315-0280
裝　　　訂	大和精緻製訂股份有限公司　TEL：(04)2311-0221
八　　　版	西元 2024 年 05 月 10 日
定　　　價	400元

(本書如有破損或缺頁，退換書請寄至：
台中市西屯區工業30路1號　太雅出版倉儲部收)

ISBN　978-986-336-504-4
Published by TAIYA Publishing Co.,Ltd.
Printed in Taiwan

國家圖書館出版品預行編目(CIP)資料

開始在義大利自助旅行／吳靜雯 作，
——八版，——臺北市：太雅，2024.05
面；　公分 . ——（So easy；27）
ISBN　978-986-336-504-4　（平裝）

1.自助旅行　2.義大利

745.09　　　　　　　　　　113002799

填線上回函
開始在義大利
自助旅行
全新第八版

http://t.cn/AildqGTC

認識義大利

作者序

歡迎來到義大利，
這個有點髒、有點亂的人間天堂……

　　義大利是個有點髒，有點亂的國家，街上到處有人抽煙，也有許多外國移民，別期待乾淨又整潔的城市景象(北義及中部小鎮除外)。但是在這裡，可以看到沒被儒家文化「洗禮」過的自由氣息，隨處可見藝術的生活環境，對好食材的講究，對古老文化的保存，單是逛街就可以獲得許多激盪與靈感，絕對是要親自走踏一趟才能體會的。

　　來到這個亂亂的國家，建議大家一到義大利先到Bar喝杯濃縮咖啡，讓自己的體內多點義大利血液，把自己原本的那一套價值觀拋開，仔細觀察義大利的行事方式，以純然的角度來欣賞這個特別的國度。

關於作者

吳靜雯

　　曾在義大利待過2年，細細體驗義大利式的隨意歲月，也曾在英國待過一年半，感受英倫之子的好心腸。回到義大利就好像回到溫暖的家，早餐往咖啡館鑽，午餐到市場或小咖啡館發現道地美味，晚餐或是利用義大利食材自己動手做、或是到餐館品嘗義大利廚師的好手藝。義大利在靜雯眼中，是個永遠看不厭、吃不完的寶地。

【靜雯的出版品】

《開始在義大利自助旅行》　　《Traveller's曼谷泰享受》　　《開始在泰國自助旅行》
《開始到義大利購物&看藝術》　《個人旅行：英國》　　　　《開始在土耳其自助旅行》
《真愛義大利》　　　　　　　《開始到越南自助旅行》　　　《嚴選台南》
《指指點點玩義大利》　　　　《泰北清邁享受全攻略》

臺灣太雅出版
編輯室提醒

出發前,請記得利用書上提供的通訊方式再一次確認

每一個城市都是有生命的,會隨著時間不斷成長,「改變」於是成為不可避免的常態,雖然本書的作者與編輯已經盡力,讓書中呈現最新的資訊,但是,仍請讀者利用作者提供的通訊方式,再次確認相關訊息。因應流行性傳染病疫情,商家可能歇業或調整營業時間,出發前請先行確認。

資訊不代表對服務品質的背書

本書作者所提供的飯店、餐廳、商店等等資訊,是作者個人經歷或採訪獲得的資訊,本書作者盡力介紹有特色與價值的旅遊資訊,但是過去有讀者因為店家或機構服務態度不佳,而產生對作者的誤解。敝社申明,「服務」是一種「人為」,作者無法為所有服務生或任何機構的職員背書他們的品行,甚或是費用與服務內容也會隨時間調動,所以,因時因地因人,可能會與作者的體會不同,這也是旅行的特質。

新版與舊版

太雅旅遊書中銷售穩定的書籍,會不斷修訂再版,修訂時,還區隔紙本與網路資訊的特性,在知識性、消費性、實用性、體驗性做不同比例的調整,太雅編輯部會不斷更新我們的策略,並在此園地說明。您也可以追蹤太雅 IG 跟上我們改變的腳步。

⦿ taiya.travel.club

票價震盪現象

越受歡迎的觀光城市,參觀門票和交通票券的價格,越容易調漲,特別 Covid-19 疫情後全球通膨影響,若出現跟書中的價格有落差,請以平常心接受。

謝謝眾多讀者的來信

過去太雅旅遊書,透過非常多讀者的來信,得知更多的資訊,甚至幫忙修訂,非常感謝大家的熱心與愛好旅遊的熱情。歡迎讀者將所知道的變動訊息,善用我們的「線上回函」或直接寄到 taiya@morningstar.com.tw,讓華文旅遊者在世界成為彼此的幫助。

如何使用本書

本書是針對旅行義大利而設計的實用旅遊GUIDE。設身處地為讀者著想可能會面對的問題，將旅人會需要知道與注意的事情通盤整理。

義大利概況：帶你初步了解義大利外，還提醒你行前的各種準備功課，以及你需要準備的證件。

專治旅行疑難雜症：辦護照、機場入出境驟、機場到市區往返交通、當地交通移動方式、機器購票詳細圖解教學、選擇住宿、如何辦理退稅、如何緊急求助等。

提供實用資訊：各大城市熱門景點、飲食推薦、購物區推薦、交通票券介紹，所有你在義大利旅行可能遇到的問題，全都預先設想周到，讓你能放寬心、自由自在地享受美好旅行。

▲ 篇章
以顏色區分各大篇章，讓你知道現在閱讀哪一篇。

▲ Step by Step圖文解說
入出境、交通搭乘、機器操作、機器購票，均有文字與圖片搭配，清楚說明流程。

▲ 主題玩樂之旅
各城市導覽，由作者最愛散步路線出發，提供每日行程細節規畫。

▲ 旅行實用會話
模擬各種場合與情境的單字、對話，即使語言不通，用手指指點點也能暢遊義大利。

▲ 跨城市行程範例
從10日、14日到21日多種行程，囊括南北義各經典觀光城市。

目 錄

16 認識義大利

44 機場篇

102 飲食篇

24 行前準備

60 交通篇

122 購物篇

90 住宿篇

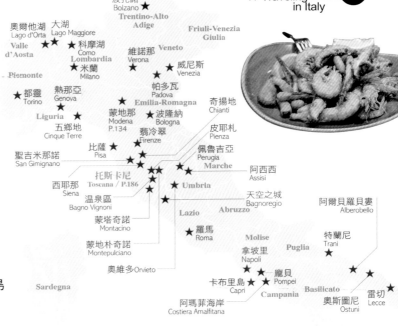

138

玩樂篇

190

通訊篇

198

應變篇

奧爾他湖
Lago d'Orta
Valle
d'Aosta
Piemonte
大湖
Lago Maggiore
科摩湖
Como
Lombardia
★ 米蘭
Milano
★ 都靈
Torino
熱那亞
Genova
Liguria
五鄉地
Cinque Terre
比薩 ★
Pisa
聖吉米那諾
San Gimignano
西耶那
Siena
溫泉區
Bagno Vignoni
蒙塔奇諾
Montacino
蒙地朴奇諾
Montepulciano
奧維多 Orvieto
托斯卡尼
Toscana / P.186
波扎諾
Bolzano
Trentino-Alto
Adige
維諾那
Verona
Veneto
Friuli-Venezia
Giulia
★ 威尼斯
Venezia
帕多瓦
Padova
Emilia-Romagna
蒙地那
Modena
P.134
波隆納
Bologna
翡冷翠
Firenze
奇揚地
Chianti
皮耶札
Pienza
佩魯吉亞
Perugia
Marche
Umbria
阿西西
Assisi
天空之城
Bagnoregio
Lazio
Abruzzo
★ 羅馬
Roma
Molise
拿坡里
Napoli
Puglia
阿爾貝羅貝婁
Alberobello
特蘭尼
Trani
★
卡布里島 ★
Capri
龐貝
Pompei
Campania
阿瑪菲海岸
Costiera Amalfitana
Basilicato
奧斯圖尼
Ostuni
雷切
Lecce
Sardegna
Calabria
沙灘度假區
San Vito Lo Capo
巴勒摩
Palermo
愛奧尼亞群島
Isole Eolie
★
Sicilia
阿格利真托
Agrigento
陶爾米納
Taormina
★ 卡塔尼亞
Catania
★ 錫拉庫莎
Siracusa
★
莫迪卡
Modica

義大利10大必體驗
Top things to do in Italy

義大利
藝術饗宴之旅

羅馬梵蒂岡博物館絕對是全球最重要的藝術寶庫，聖彼得大教堂的建築之美，豈止是震撼人心；奧維多主教堂與迷人的小鎮風情，直讓人想停留在此；阿西西雄偉的聖方濟大教堂，激起世人的虔敬之心；佛羅倫斯烏菲茲美術館，是文藝復興藝術的完美之旅；威尼斯畫派跳動的色彩，挑戰你的視覺，藝術及建築雙年展，更是吸引全球的現代藝術愛好者；米蘭大教堂與達文西最後的晚餐，則是時尚之都的鎮城藝術品；4月米蘭的國際家具設計大展，更是全球最重要的設計盛會；而拿坡里亂得迷人的古城，絕對是義大利生活藝術的活寶——聖塞維諾禮拜堂裡蒙面的耶穌及聖母雕像，其精湛的技藝表現，令人看了感動不已；西西里島巴勒摩大教堂之美，是讓你每走一步，就又看到另一個層次的美。

1 義大利藝術的洗禮：
免費教堂、知名古建築、無數珍貴的大師級藝術畫作及雕刻

2 夜賞古城：
羅馬、佛羅倫斯

3 望彌撒、傾聽天音：
在這裡，靜靜找到自己

4 動人的歌劇體驗：
維諾那一世紀古羅馬劇場歌劇季、
米蘭及拿坡里典雅迷人的歌劇院，
上演場場扣人心弦的名歌劇

　　歌劇源自義大利佛羅倫斯一個愛好古希臘表演藝術的團體。來訪義大利，當然得體驗一下義大利歌劇的魅力。義大利境內最著名的歌劇院包括米蘭的史卡拉歌劇院、維諾那的Arena古羅馬劇場、拿坡里的聖卡羅歌劇院，而5月的佛羅倫斯則有音樂季，西西里島的陶爾米納古希臘劇場，夏季也有各種表演。

照片提供：攝影師Fainello / Courtesy of Fondazione Arena di Verona

照片提供：攝影師Brenzoni / Courtesy of Fondazione Arena di Verona

義大利
酒香美食之旅

　　Piemonte的Barolo美酒與珍貴的白松露，是老
饕們秋季的重點，慢食組織的總部位於這裡的小
鎮Bra，每兩年會有一次起司大會；都靈著名的
Gianduiotti巧克力及冰淇淋，是這座工業大城的
軟實力；威尼斯的墨魚麵與提拉米蘇，是水都的
經典美食；蒙地納醉人的Balsamico醋莊，又怎能
錯過；帕拿瑪義大利火腿及起司，是義大利美食
界的國寶；波隆納厚實有嚼勁的義大利方餃、寬
麵、Mortadella火腿、肉醬麵，絕對讓波隆納榮
登美食之城；佛羅倫斯牛排，當然是旅人大口咬
的No.1；托斯卡尼的Chianti美酒、Montacino陳
年葡萄酒與頂級橄欖油，怎能不喝完又帶走；羅
馬烤羊排的香脆，是永恆之都的驕傲；拿坡里披
薩，早已列入世界文化遺產；阿瑪菲海岸與西西
里島的鮮跳海鮮，不吃會後悔；東部普伊亞的橄
欖樹海，藏著最美味的義式耳朵麵與熱情奔放的
普伊亞料理；西西里島的Granita檸檬冰、杏仁、
開心果、炸米飯團、鰻魚與海鹽，讓義大利本
島，怎麼也不願放開西西里島。

6 大啖義大利美食：
佛羅倫斯牛排、冰淇淋、牛菌菇、披薩、義大利咖啡及各區特色美食

7 一天進咖啡館加油三次：
令人無法自拔的義大利咖啡文化

5 托斯卡尼農莊或酒莊體驗：
走進迷人的鄉間，跟著義大利媽媽學做菜，體驗這醉人的義式生活

8 義大利狂購：
精品，就是義大利的特產，然而具美感的義大利人所開設的獨立小店，選品更是精采！當然還有必訪的佛羅倫斯SMN老藥局及必掃的義大利草本藥妝

義大利
自然風景之旅

　　從北到南最著名的自然景點包括米蘭附近的科摩湖、大湖；北義邊境的Bolzano散發著阿爾卑斯山小鎮風情，Dolomiti精靈之地，有著鬼斧神工般的地景，這附近的山區也是滑雪勝地；Dolomiti山腳下的Garda湖區，沿岸小鎮優美又有趣；靠近法國的Piemonte區，則有寧靜的迷人山谷；五鄉地陡峭的海岸與繽紛的小鎮風情，著實令人難忘；中義托斯卡尼的柔美丘陵地形無處可尋；南義阿瑪菲海岸及卡布里島的湛藍，讓人一輩子也無法忘懷；西西里島愛奧尼亞海與陶爾米納醉人的沙灘，又如何讓人割捨。

9 自然人文風光：
科摩湖及大湖湖區、Dolmiti精靈之地、威尼斯彩虹島、藍得讓人悸動的阿瑪菲海岸、五鄉地、獨特的蘑菇村……

10 聽那大海的聲音：
托斯卡尼沿岸、卡布里島、西西里島、愛奧尼亞群島、近年義大利人最愛的度假區──Puglia地區

認識義大利
About ITALY

義大利，是個什麼樣的國家？

出發到義大利旅行之前，可先從地理、氣候、歷史、政治經濟、
治安、貨幣、航程、電壓，建立起簡單的義大利印象！

義大利速覽

義大利，是個什麼樣的國家？

義大利小檔案 **01**

地理 | 全世界都認得的一雙長靴

　　義大利，應該是世界地圖中最容易辨認出來的國家，優雅的長馬靴一腳踢著落在地中海上的西西里島，南望非洲，東側隔著亞德里亞海望向中歐，西側則有義大利最大島薩丁尼亞島，西北接法國，北鄰瑞士、奧地利、斯洛維尼亞。

　　義大利北部以米蘭為首，西北著名的都市為都靈（Torino）、熱那亞（Genova），東北為威尼斯、維諾那（Verona）；中部則以佛羅倫斯為首，另有波隆納（Bologna）、比薩（Pisa）、西耶納（Siena）、佩魯吉亞（Perugia）；往南則為首都羅馬，而羅馬以南泛稱南義，包括拿坡里（Napoli）、阿瑪菲沿岸（Amalfi）、龐貝（Pompeii），及最南的離島西西里（Sicilia）。

都靈(Torino)　米蘭(Milano)　威尼斯(Venezia)

熱那亞(Genova)　波隆納(Bologna)

比薩(Pisa)　佛羅倫斯(Firenze)　西耶納(Siena)　佩魯吉亞(Perugia)

⭐ 羅馬(Roma)

薩丁尼亞島(Sardegna)

拿坡里(Napoli)　龐貝(Pompeii)

蘇連多(Sorrento)

西西里島(Sicilia)

首都：	羅馬
面積：	約30萬平方公里，是台灣的8倍大
人口：	約5千9百萬人
語言：	義大利語
宗教：	87%的人信仰天主教
貨幣：	歐元
簽證：	停留90天內觀光免簽證

義大利小檔案 **02**

歷史 | 753B.C.，狼養大的羅穆路斯建立羅馬城

　　西元前44年凱薩被刺殺，羅馬共和國也隨著他殞世而結束。西元前27年，屋大維（Ottavio）受封為第一位皇帝奧古斯都（Augutus），並確立「Italia」義大利的名號。羅馬共和國轉為羅馬帝國，開創了爾後近1,500年的歷史，直到1453年君士坦丁堡被土耳其人攻陷。

　　西元476年西羅馬帝國滅亡，義大利半島各區邦國林立。到了14世紀，佛羅倫斯為麥迪奇（Medici）家族統治，開啓百花齊放的文藝復興發展。義大利直到1861年才建國，定都北義都靈（Torino），1870年統一全國，遷都至羅馬，1946年廢除帝制，成立共和國。

認識義大利

義大利小檔案 03

政治經濟 | 北義富裕，南義貧窮

義大利1946年成立共和體制，國名為Repubblica Italiana。國家元首為大總統，大總統之下則由首相及內閣掌理行政事務。7年一期的內閣總理通常是由眾議院多數黨領袖擔任，而眾議院（Camera dei Deputati）和參議院（Senato della Repubblica）的參議員任期都是5年，以比例代制由人民投票選出。

義大利共分20個區、110個省分、8,100個城市，境內還包括梵蒂岡（Vaticano）、馬爾他騎士團及聖馬利諾（Sam Marino）三個獨立小國。北部是義大利的工商業中心，以米蘭、都靈與熱那亞為主要城市，波河平原是農業重地。

義大利小檔案 04

貨幣 | 1歐元≒ 35～40元新台幣

義大利貨幣已由原來的里拉改為歐元，物價也因此上漲許多。歐盟國家雖然均以歐元為流通貨幣，不過每一國都有自己的貨幣設計，義大利的貨幣都是最著名的人物、景點及藝術品。歐元在台灣各大銀行就可兌換，雖然義大利市區有很多匯兌處，但並不接受新臺幣，只能拿美金、英鎊、日圓等貨幣兌換。（請參見P.37）

Euro＝歐元
Centimes＝分
1歐元＝100分

1分：1992年被列為聯合國世界遺址的蒙地城堡（Castel del Monte）位於普伊亞省　　**2分**：都靈的安托內利尖塔（Mole Antonelliana），塔的1樓現為有趣的國立電影博物館　　**5分**：羅馬競技場（Colosseo）　　**10分**：波提伽利的名畫《維納斯的誕生》（烏菲茲美術館）

20分：未來派藝術家薄丘尼（Umberto Boccioni）的青銅雕塑　　**50分**：羅馬哲學家皇帝愛奧里略（Marcus Aurelius）騎馬像　　**1歐元**：達文西的人體比例圖　　**2歐元**：但丁人像

5歐元：古典建築風格　　**10歐元**：羅馬建築風格　　**20歐元**：哥德建築風格

50歐元：文藝復興建築風格　　**100歐元**：巴洛克及洛可可風格　　**200歐元**：新藝術風格　　**500歐元**：現代建築風格

義大利小檔案 05

最佳旅遊月分 | 春秋氣候溫和，最適合旅遊

- **3～5月春季**：氣候涼爽舒服，日夜溫差大、多雨，有美麗的杏花、櫻花，及彩蛋林立的復活節。
- **6～8月夏季**：氣候炎熱、少雨，7月第一個週末開始夏季折扣，向日葵綻放，城內有許多夏季活動；8月為義大利人的度假月，市區多遊客，義大利人多在山上或海邊。
- **9～11月秋季**：氣候涼爽舒適，日夜溫差大，橄欖、葡萄成熟時節。11月應為最適合拜訪義大利的月分，天氣冰冰涼涼的很舒服，白天穿件薄外套就夠了。又是旅遊淡季，機票較便宜，拜訪博物館、美術館，可好好欣賞作品，門票也多有淡季優惠，且店家與街道已開始有耶誕布置了。
- **12～2月冬季**：冬季嚴寒，但室內多有暖氣，1月5日開始冬季折扣，神迷的威尼斯嘉年華會多在2月舉辦。

http 氣候查詢：www.tempoitalia.it

▲ 6月初氣候可能已經相當炎熱，但地中海的海水仍相當冰，8月才較溫暖、適合玩水

義大利小檔案 06

治安 | 要有警覺心，但不用太害怕！

一般人總認為義大利治安差，自助旅行不安全，其實只要自己多加注意，不要穿金戴銀並看好貼身物品就還好。建議攜帶有內袋的斜背式包包，重要物品放在內袋中，袋子拉鍊隨時拉上，在擁擠的地鐵或公車上將包包斜背在前，有座位就坐下，手放在包包上，小偷的目標通常是漫不經心的遊客。

羅馬以南治安較差，以羅馬來講，乘坐64號公車時需小心抱著小孩的吉普賽人及膚色較深的外籍移民。拿坡里古城區的小巷要注意，偶有摩托車搶包。

義大利小檔案 07

時差 | 實施日光節約

- **夏令時間**：3月的最後一個週日～10月的最後一個週六，台灣時間減6小時為義大利時間。
- **冬令時間**：10月最後一個週日～3月最後一個週六，台灣時間減7小時為義大利時間。

時差換算舉例

台灣時間	義大利時間(夏季)	義大利時間(多季)
09:00	03:00	02:00
12:00	06:00	05:00
19:00	13:00	12:00

主要城市氣候比較表

城市	春季(3～5月)	夏季(6～8月)	秋季(9～11月)	冬季(12～2月)
米蘭	7～22度	24～38度	8～18度	1～8度
羅馬	12～20度	25～40度	11～25度	7～16度
巴勒摩(西西里)	16～22度	27～40度	20～27度	9～19度
旅遊淡旺季	●淡季，最適合旅遊 ●市區房價依商展調漲(如4月家具展)，非展覽期間便宜、好找	●8月市區淡季、多外國遊客，海邊及山區旺季、多義大利遊客 ●住宿較貴	●9、10月仍為旺季，11月為淡季，尤其適合來訪義大利 ●住宿好找	●淡季，房價便宜 ●住宿好找、便宜，聖誕節及新年除外

義大利小檔案 08

交通 | 外車不能開進古城區

義大利全國交通網完善：

- **火車**：東南西北都有火車系統，提早1.5個月購買可買到特惠價。
- **巴士**：小鎮之間若沒有火車相通，也會有巴士。
- **國際火車**：有許多通往英國、西北歐、東歐各國的國際火車(米蘭－巴黎常有特價票)。
- **渡輪**：義大利三面環海，有許多通往希臘、西班牙、非洲等國的渡輪。
- **市區巴士、地鐵、電車**：依市區規模搭配各種交通工具，提供完善的市區交通系統。
- **纜車**：山城也多有纜車通往古城區。
- **租車**：北義及托斯卡尼交通狀況佳，適合租車旅遊。高速公路速限130公里、省道110公里、郊區一般道路90公里、市區速限50公里。外車不能進入古城區的ZTL禁區(Zona Traffico Limitato)。

詳細資訊請參見交通篇。

行家祕技　如何看懂義大利地址

義大利的「街」為Via，「大道」為Corso，「廣場」為Piazza或Piazzale(較小)。在街頭及街尾的牆上都有標示街名的石牌。有些城市如翡冷翠，還分紅色門牌號碼(數字後面有個「r」)及藍色門牌號碼(數字後面有個「b」)，紅色為商家門牌，藍色為住家門牌。叫計程車需特別說明門牌號碼的顏色。

Via della Spiga, 16

街道名　　　　　門牌號碼

20121 Milano

郵遞區號　　城市名

義大利小檔案 09

航程 | 華航有班機直飛義大利

目前直飛義大利的航空公司有直飛羅馬的中華航空，長榮航空直飛米蘭，去程約14～15小時，回程約11～12小時，其他多為至曼谷、香港、伊斯坦堡、杜拜、阿布達比等地轉機的航班，飛行時間約16～17小時。中國班機雖然較便宜，但機場天候難測，班機常延誤，趕不上轉機班機。

減低長途飛行痛苦小祕訣

從台灣到義大利，要飛10幾個小時，乘坐經濟艙者，一般都會覺得很辛苦。建議英文溝通沒問題者，可加價劃位在每個艙座的第一排或靠近安全門的位置，這些座位空間較大，再不然也可選擇靠走道的位置，腳可伸到走道上，上廁所也方便。

義大利小檔案 10

營業時間 | 中午休息 2～3小時

- **一般商店**：週一～六09:30～13:30，中午休息約2～3小時，下午15:30～19:30；週日及週一早上，除市區較多觀光客的區域之外，大部分都休息。
- **傳統雜貨店**：冬季週三下午休息，夏季則是週六下午休息。
- **銀行**：週一～週五08:30～13:30、14:30～16:30，週六及週日休息。

義大利小檔案 11

電壓 │ 2～3孔細圓頭插座，和台灣不同

義大利電壓為220V，插頭與台灣的不同，一般為2～3孔細圓頭插座（目前大部分的手機及電腦都已經是萬國通用電壓，只需攜帶轉接插頭即可）。義大利旅館插座通常不多，3C產品多者可帶多插座的轉接頭。

◀ 這種細瘦的圓插轉接頭最輕便、又最好用

義大利小檔案 12

語言 │ 義大利文、英文

義大利文為官方語言，觀光客較多的城市，店員大都能以基本英文溝通，但小城市會說英文的人不多，可下載實用對話APP，否則萬國通用的肢體語言，只要能讓對方感受到善意，同樣可以獲得很棒的體驗。

義大利旅遊用語實用APP

 免費軟體，可翻譯60多國語言：
Google Translate

 學意大利文：常用意大利會話，意大利旅遊必備 — **Bravolol**：bravolol.com/learn-italian

＊資料時有異動，請以官方公布的最新資料為主

指指點點義大利文

字母發音

字母發音表

字母	讀音
a	(a)
b	(bi)
c	(ci)
d	(di)
e	(e)
f	(effe)
g	(gi)
h	(acca)
i	(i)
l	(elle)
m	(emme)
n	(enne)
o	(o)
p	(pi)
q	(cu)
r	(erre)捲舌音
s	(esse)
t	(ti)
u	(vu)
z	(zeta)
外來語	
j	(gi)
k	(cappa)
w	(doppia vu)
x	(iks)
y	(ipsilon)

義大利文簡單學

義大利文基本上是照著每個字母發音，只要記住每個字母的發音，並記一些特殊的連音節，就可以看字讀義大利文了。義大利文字母共有21個，英文字母中的j、k、w、x、y，如果出現在義大利文中，算是外來語。另外，h不發音。

「特殊連音」表

連音	唸法
ci、ce	像英文的chi、che。在cia、cio、ciu中，「i」不發音，所以聽起來有點像cha、cho、chu
chi、che	像英文的k
gi、ge	像英文Jim中的「j」。在gia、gio、giu中，「i」不發音，所以有點像ja、jo、ju
ghi、ghe	像英文gate中的「g」
gn	像英文onion中的「ni」
gli	像英文million中的「lli」
z	像「dz」或「tz」

應用單字

數字 / Numero
1 / Uno
2 / Due
3 / Tre
4 / Quattro
5 / Cinque
6 / Sei
7 / Sette
8 / Otto
9 / Nove

0 / Zero
十 / Dieci
百 / Cento
千 / Milla

星期 / Settimana
星期一 / Lunedi
星期二 / Martedi
星期三 / Mercoledi
星期四 / Giovedi

星期五 / Venerdi
星期六 / Sabato
星期日 / Domenica

月分 / Mese
一月 / Gennaio
二月 / Febbraio
三月 / Marzo
四月 / Aprile
五月 / Maggio

六月 / Giugno
七月 / Luglio
八月 / Agosto
九月 / Settembre
十月 / Ottobre
十一月 / Novembre
十二月 / Dicembre

義大利印象
你也認識的義大利名人

演藝界

- 朱賽貝‧托納多雷(Giuseppe Tornatore)：義大利國寶級導演，西西里島人，作品包括《新天堂樂園》《海上的鋼琴師》《西西里島的美麗傳說》。
- 盧奇亞諾‧帕華洛帝(Luciano Pavarotti)：已逝的世界三大男高音之一。
- 安德烈‧波伽利(Andrea Bocelli)：義大利著名的盲人歌手，曾多次到台灣表演。
- 蘇菲亞‧羅蘭(Sophia Loren)：義大利著名女演員，奧斯卡最佳女主角獎和終身成就獎得主，作品有《烽火母女情》《義大利式婚禮》《夢幻騎士》《華麗年代Nine》等。
- 羅貝多‧貝尼尼(Roberto Benigni)：義大利國寶級的巨星。由他執導演的《美麗人生》榮獲第71屆奧斯卡七項大獎(最佳電影、最佳導演、最佳男主角等)，知名作品有《美麗新世界》《木偶奇遇記》等。

體育界

- 羅貝托‧巴吉歐(Roberto Baggio)：第一位獲選為20世紀最偉大的百位足球運動員的義大利籍球員。

時尚界

- 喬治‧亞曼尼(Giorgio Armani)：家喻戶曉的義大利設計師，曾學過醫學及攝影，後來在義大利Rinascente百貨公司當櫥窗設計師後，開始走上服裝設計之路，從他的設計中可看到一種從容的優雅。
- Salvatore Ferragamo：是來自拿坡里的頂級鞋設計師，移民到美國後，開了家小鞋鋪，後來慢慢受到矚目，為了能做出最好的鞋，還到南加州大學就讀人體解剖學。1927年回翡冷翠開創第一家店，瑪麗蓮夢露、奧黛麗赫本等知名女星都是Ferragamo迷。
- Guccio Gucci：原本經營家族的馬鞍及皮具店，後來在翡冷翠皮件店，以其質料及工藝技術聞名，並首創將商標印在商品上，在50～60年代，Gucci就是奢華的代名詞。

藝文界

- 伊塔羅‧卡爾維諾(Italo Calvino)：可說是最擅長敘述藝術的作家之一，代表作包括《看不見的城市》《如果在冬夜，一個旅人》《義大利民間故事》等。
- 安勃托‧艾可(Umberto Eco)：艾可是國際符號學權威，也是知名的哲學家及歷史學家，逝於2016年初。代表作包括《玫瑰的名字》《傅科擺》《帶著鮭魚去旅行》《異境之書》等。

義大利相關文學、電影作品

- 文學：《享受吧！一個人的旅行》《遠方的鼓聲》《窗外有藍天》《蒙田的義大利之旅》《天使墜落的城市(威尼斯)》《深夜特急》《義大利紅頂商人》《義大利人正傳》。
- 影劇：《托斯卡尼豔陽下》《新天堂樂園》《羅馬假期》《郵差》《天才雷普利》《天使與魔鬼》《紅豬》《美麗人生》《麥迪奇家族》《愛上羅馬》《絕美之城》《私刑教育3》等。

行前準備
Preparation

出發前，要預做哪些準備？

出發前，建議先到本章列出的幾個實用網站，了解各種生活及旅遊資訊。

本篇還整理了買機票、申請各類有用證件、貨幣匯兌、行李打包的祕訣。

旅遊行程規畫

怎麼著手準備義大利行？

基本需要準備下列事項

1：確定日期	詳見	待辦	已辦
若能避開旺季，選擇5～6月或11月最理想，想購物者可選擇7月及1月的折扣季。	P.33		

2：檢查護照有效日期	詳見	待辦	已辦
現在到歐盟國家可享90天觀光免簽證，但護照有效日期需6個月以上，不足者出國前要辦新護照。	P.34		

3：訂機票及買保險	詳見	待辦	已辦
可利用Google flights、Wego、背包客棧機票比價這類的網站或APP搜尋。若以信用卡付款，有些也可以順便購買保險。	P.29		

4：查詢如何從機場到市區	詳見	待辦	已辦
機場官方網站有詳細資訊。	P.51		

5：先預訂火車票、租車、或國內廉價機票	詳見	待辦	已辦
提早1.5個月預訂優惠較多。	P.66		

6：國際駕照、學生證等證件	詳見	待辦	已辦
要租車者記得先辦國際駕照，學生及青年也可辦國際學生證或青年證，門票、交通可享優惠。	P.36		

7：換歐元	詳見	待辦	已辦
先換好歐元，記得要換些小額歐元(€20及€50最實用)。	P.37		

8：至少訂第一個晚的旅館	詳見	待辦	已辦
淡季找旅館容易，旅館多集中在火車站及古城區。	P.92		

9：先預訂特別想看的歌劇或音樂會	詳見	待辦	已辦
熱門場次常很早就賣完。	P.27		

10：旺季先預訂熱門美術館門票	詳見	待辦	已辦
較不需要浪費時間在現場排隊上。	P.27		

11：了解旅遊義大利常見陷阱、注意事項、點菜方式	詳見	待辦	已辦
尤其是陷阱及安全注意事項，以及像是不要碰觸市場攤販的水果，礦泉水分一般及氣泡水這類的特殊文化。	P.106 P.203		

12：閱讀義大利	詳見	待辦	已辦
若有時間閱讀義大利相關的文學書或電影，玩來會更有感覺。	P.23		

Q1 第一次到義大利，至少需要多少時間？
至少需要10天，扣掉兩天飛行，實際上約8天時間遊玩，但12天以上最為理想。

Q2 可以到哪些地方？
時間有限，可以遊義大利四大城市+托斯卡尼：羅馬2天+佛羅倫斯2天+托斯卡尼1天+威尼斯2天+米蘭1天(詳細行程規畫請參見P.144)。

選擇旅行時間

旅遊旺季

4月復活節、7〜9月中、聖誕節〜新年期間，大部分的城市人都會跑到郊區度假，所以城市的旅館是淡季，但郊區旅館則是旺季價錢。7〜8月外國遊客相當多，知名博物館及美術館需排很長的隊伍，最好事先預約門票。

強烈建議旺季需先預訂的景點

梵蒂岡博物館、聖彼得大教堂快速通關、佛羅倫斯烏菲茲美術館、佛羅倫斯百花聖母大教堂、威尼斯聖馬可大教堂、米蘭最後的晚餐。

KKday與KLook這類的旅遊網站均可先預購免排隊門票。

旅遊淡季

1月中〜3月、4月中〜6月中、11月〜12月中，屬旅遊淡季，由於9〜10月中較不那麼炎熱，所以雖然是淡季，但南義遊客人數也不少，熱門旅遊城市建議訂房。

貼心 小提醒

各城市旅行天數建議

羅馬、梵蒂岡：1天可行，但最好安排2天

佛羅倫斯：至少1.5天，可多安排幾天慢慢欣賞藝術與逛街

威尼斯：1.5天(古城區過1夜)

米蘭：至少1天

維諾那：至少0.5天

托斯卡尼小鎮們：1天可行，但最好2天以上

五鄉地：1天

龐貝：0.5天

阿瑪菲海岸及卡布里島：2天

西西里島：至少3天

數位時代，如何善用數位工具規畫行程？

機票預訂	可透過Skyscanner、Google Flights這類的網站或App程式搜尋，最後記得再到航空公司的官方網站詢價。
旅館預訂	可透過Booking.com、Agoda、Hotels.com、Expedia這類的訂房網站預訂，預訂時記得看旅館的評價，另也可透過Hotelscombined、TripAdvisor這類的網站一次比較各訂房中心的房價。
行程安排	景點、餐廳、行程、租車公司的評價都建議先到TripAdvisor查詢，此網站還提供一天、兩天、三天的熱門行程建議。
行程訂購	可透過KKday、KLook這類的旅遊行程訂購平台預訂可上網的電話卡、當地優惠門票、當地特色行程，只要上網點選下單，即可輕鬆安排行程。
交通安排	Google Map當然不可少，出門之前可以將自己想去的點全都標在「我的地圖」，計算點跟點之間的距離及公共交通方式，並可儲存在個人日曆程式的行程中。歐洲城市也可使用Citymapper，更為準確，同樣可儲存事先規畫好的行程路線。

不過除了數位工具之外，也很建議大家參考旅遊書，對陌生的地方有較完整的概念，再透過數位工具的輔助，有效規畫行程。

義大利到底哪裡好玩？

熱那亞

隱而不彰的華麗城市，走訪古城區猶如在探尋寶藏屋。

都靈

歐洲著名的魔法城市，同時也是義大利最重要的工業城及榛果巧克力的故鄉。

五鄉地

山海地形奇特，列為世界遺產，現為遊客滿滿的熱門旅遊地。

佛羅倫斯

義大利文的譯名為翡冷翠，是文藝復興的發源地，義大利最重要的藝術之都。

托斯卡尼小鎮

柔美的丘陵線條，是別處尋不著的美，比薩、Sam Gimignano、Siena、Montepulciano、Bagno Vignoni都是美麗又悠閒的小鎮。

拿坡里

迷、亂、美，拿坡里就好像瑪啡，讓人不可救藥的愛上這混亂的可愛城市。

卡布里島

悠閒的白色度假屋、神祕的藍洞、華麗的高級精品街，矛盾、卻又和諧地組構出獨特的卡布里風情。

米蘭

義大利設計購物中心，市區美麗的大教堂、運河區、布雷拉美術館區，郊區的科摩湖、大湖及奧爾他湖都是值得拜訪之處。

龐貝

義大利充滿傳奇色彩的考古遺跡。

西西里島

生命力、熱情、友情、美食：陶爾米納的迷人古城、湛藍的愛奧尼亞群島、充滿異國風情的巴勒摩、San Vito美麗沙灘，一個令人念念不忘的他鄉故土。

維諾那

茱麗葉的故鄉，最浪漫的美麗城鎮，同時也是很棒的購物城，可買到許多當地獨創的優雅設計。

威尼斯

神迷燦光威尼斯，世界獨一無二的水都。

溫布里亞小鎮

托斯卡尼的姐妹省，地景與托斯卡尼一樣優雅之外，還多了種迷人的古樸風情，著名城鎮包括：佩魯吉亞、阿西西、奧維多。

羅馬

義大利首都，全球最古老的首都，整座古城區，便是一座開放式博物館。競技場、許願池、緊鄰的梵蒂岡博物館、聖彼得大教堂，都是義大利經典。

阿爾貝羅貝婁

猶如蘑菇的石頭屋，隱藏在一座座橄欖園中，成就出南義最特殊的地景。

阿瑪菲海岸

震撼人心的山海壯闊，沿岸各個優美的小鎮：蘇連多、波西塔諾、阿瑪菲、拉維洛，勾勒出這燦藍的海岸線。

如何選購機票

若你選擇的是跟團，機票就包含在旅費裡，務必先搜尋旅行社的信譽、行程安排等。若是航空公司或旅行社推出的機＋酒行程，則可依自己喜歡的航空公司、旅館、預算等來選擇。

若選擇全程自助的話，可依預算、航班、轉機地點、艙等（經濟艙或商務艙）選擇。

可利用Wego或Google Flights這類的機票搜尋網站比價。

直飛班機

目前由台灣直飛羅馬的航空公司為中華航空，飛行時間去程約14～15小時、回程約11～12小時。每週一、三、五桃園機場出發。長榮航空每週二、六直飛米蘭。

如果覺得直飛時間太長，可考慮轉機班機，像是飛行約8小時至杜拜或阿布達比轉機，可下機走動一下，再繼續搭機前往歐洲。一般轉機班機票價也較便宜。不過直飛還是最節省時間的，且每位乘客可攜帶兩件23公斤的託運行李。去程可能比較難熬，回程約11小時即可抵達。若想舒適點，建議去程選擇較好的艙等或加價購買較舒適的座位區（如安全門前），或者起飛前48小時先網路劃位，選擇靠走道的位置。

一般票務

電子機票：現在多為電子機票。一般辦理登機手續時，只需護照或訂位代碼。

行李限重：多為經濟艙20公斤，商務艙30公斤。廉價航空僅為7～10公斤免費手提行李，託運行李及餐點需另外加購。

廉價航空

目前並沒有任何廉價航空直接從台灣飛往義大利，若想省錢遊歐洲，可以搭Air Asia到吉隆坡或酷航到新加坡，再買另一段到歐洲的航線。

歐洲境內有許多廉價航空可以選擇，包括VOLOTEA、RyanAir、EasyJet、Vueling航空，完整連結義大利境內各大城市，及其他歐洲城市，經常推出超低特價票。

▶ **歐洲廉價航空行李尺寸及重量限制嚴格，超過必需另外付費**

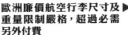
貼心 小提醒

較舒適的豪華經濟艙

現在有些較大型的班機也推出「豪華經濟艙」這種比經濟艙還要舒服些，餐點及服務也較好的艙等，給予乘客較為舒適、又不至於口袋破太大洞的選擇。

搭廉航時應注意

若需入境非申根國家，記得準備好簽證。有些廉價航空提供便宜的機場接駁巴士，訂票時可順便預訂。

歐洲各家廉價航空比較表

RyanAir

歐洲最早的廉價航空，目前義大利境內共有22個航點，航線遍布歐洲17個國家。

http www.ryanair.com

EasyJet

歐洲航點完整，北義包括米蘭、都靈、威尼斯，中義有比薩及羅馬，南義有拿坡里、Puglia區、另還有西西里島及Sardegna島的航點。

http www.easyjet.com

Meridiana

義大利本土航班，國內航點共有14個，幾乎涵蓋各大城市，不過費用也較高一點，一定要提早預約才能買到便宜票。另還有巴黎、倫敦、紐約及德國、希臘、俄國等航線。

http www.meridiana.it

Vueling

近年快速崛起的西班牙廉價航空，歐洲航點非常多，義大利的航點遍布北義、中義、南義以及離島主要城市。

http www.vueling.com

Volotea

新的廉價航空，義大利境內的航線相當完整，常推出19歐元特價票。

http www.volotea.com

* **注意**：若要飛到中義，最好選擇到比薩或佛羅倫斯，Forli位置較偏僻，並不推薦。Trieste到威尼斯也有段距離，不過這個海港城市也值得一遊。

行家 祕技　廉價航空注意事項

可分段購買，行程規畫較具彈性。然而，廉價航空也有較多限制，購買前應先注意：

■ **並不一定比較便宜**：要將往返機場的交通費、住宿費都考量進去。否則最後可能會發現，雖然機票較便宜，但其他花費反而更高了。

■ **每天的價格都不一樣**：除非你有固定的出發時間，否則可點看哪一天是最便宜的。歐洲廉價航空常推出特惠機票，偶有0元優惠票(只要付機場稅)，但通常是要提前好幾個月訂。可訂閱各航空公司的電子報。

■ **訂票時會有Best及Flex的票價選擇**：Best是最低價，Flex則是彈性票，可以更改日期或地點，因此也較貴。

■ **看好機場**：雖然票價較便宜，但機場位置可能較偏遠，訂票時務必先查看機場位置。否則若是得前天晚上先到機場附近住，加上交通跟住宿費，就不是賺到的情況了。

■ **務必提早到**：通常2小時前開放辦理登機手續，40～45分鐘前關閉，若是錯過，當場再購買機票，票價通常相當昂貴。

■ **沒有提供免費的機上餐飲**：機上通常只提供需額外付費的三明治、餅乾、飲料等。

■ **行李規定**：限重嚴格，託運需另付費。

■ **先上網辦理登機手續**：有些廉價航空要求乘客自行先上網辦理登機手續。

■ 現在的廉價航空也提供旅館及租車、機場巴士、保險預訂服務，若不需要的話，要確定自己訂購時沒有勾選這些項目。

■ 撥打服務電話(Call Center)費用通常較貴。

蒐集旅行資訊

行前功課一定要做，才能有個完美的假期！

雖 然抵達義大利各大小城市後，都可在市中心或火車站設立的旅遊服務中心(informazione，黃色標誌，簡寫「i」)拿到免費地圖、觀光資訊，或預訂旅館，甚至可購買觀光車票、表演票。但好不容易出一趟國門，還是事先在國內做好旅遊計畫，抵達各個城市時，也記得到服務中心索取最新旅遊資訊，免得錯過當天的重要活動。

旅行實用網站推薦

義大利旅遊工具網站

義大利鐵路局官方網站
可直接上網訂票及查詢各城市的時間及車程、費用，常有優惠票(義大利文網頁才會顯示特惠訊息)。
🌐 www.trenitalia.com、www.italotreno.it(可下載APP)

TripAdvisor旅遊網站
涵蓋全球各地，包括義大利各城市的景點、餐廳、旅館等介紹，可以參考評價及比價、預訂，以及下載APP，儲存有興趣的景點、餐廳、行程。
🌐 www.tripadvisor.com

全球便宜機票聯合搜尋網站
只要點選出發國家及目的地國家、城市，就可查詢所有這條航線的航空公司，並直接點選到各航空公司比價。Wego及Google Flights均提供這樣的比價功能。
🌐 www.google.com/flights、www.whichbudget.com

背包客棧
中文背包客資料網，豐富的背包客旅行分享，想知道當地最即時的資訊，可到論壇爬文，不過資料相當多，需要多花點時間。ptt歐洲版也可找到許多資訊。
🌐 www.backpackers.com.tw

Rail Europe歐洲鐵路
歐洲鐵路通行證官方網站，可查看鐵路資訊及通行證使用規定。
🌐 www.raileurope.com

租車網站
租車聯合網站，點選地點及日期、車型就可比較各大租車公司的價格並預訂。
🌐 www.rentalcars.com

義大利生活情報網站

豐富的義大利生活文化及旅遊資訊
🌐 italymagazine.com

義大利旅遊實用APP

Google Map
免費，可規畫行程，查詢各點的時間及交通方式。義大利許多古城巷道複雜，抵達當地後，若能連結上網，可利用智慧裝置依循Google地圖指示走到目的地。本書玩樂篇也提供各城市的路線建議，只要掃瞄QR Code，即可連結至Google Map，輕鬆規畫行程。

Google Translate
免費又實用的翻譯軟體，圖像或菜單也可翻譯。

義大利觀光網站

義大利觀光局

　　義大利觀光局的官方網站，詳細列出義大利所有熱門城市的旅遊資訊。
http www.italia.it / 🔘 italiait

威尼斯

　　城市活動、景點介紹、住宿資訊、觀光路線建議、實用資訊、氣候及交通等。
http www.turismovenezia.it

米蘭

　　城市活動、景點介紹、住宿資訊、觀光路線建議、實用資訊、氣候及交通等。
http www.yesmilano.it / 🔘 visit_milano

佛羅倫斯

　　城市活動、景點介紹、住宿資訊、觀光路線建議、實用資訊、氣候及交通等。
http www.firenzeturismo.it / 🔘 feelflorenceofficial

羅馬

　　城市活動、景點介紹、住宿資訊、觀光路線建議、實用資訊、氣候及交通等。
http www.turismoroma.it / 🔘 turismoroma

拿坡里

　　城市活動、景點介紹、住宿資訊、觀光路線建議、實用資訊、氣候及交通等。
http visit-napoli.com

義大利人日常生活作息

● 郵局及銀行營業時間：08:30～13:30，14:30～16:30。
● 店鋪營業時間：09:30～13:30，15:30～19:30。
● 大眾運輸營運時間：05:00～00:30(各城市各營運線時間不同)。
● 交通尖峰時間：07:00～09:00，17:00～20:00
● 8月許多商店會休息2週～1個月，1月1日、5月1日及12月25日，多數博物館、美術館會閉館休息。

遊客在義大利一天吃喝玩樂行程建議

早上～12:00	早餐、逛傳統市場、參觀景點，週日可上教堂望彌撒
12:00～14:30	午餐
14:30～19:30	參觀博物館、美術館、逛街
19:30～22:00	餐前酒或晚餐或音樂會
22:00～24:00	現場音樂酒吧

▲ 南義許多建築沒有電梯，高樓層住戶會以這樣的方式買菜

▲ 西西里島

義大利的假日與節慶

　　非常重視私人休閒生活的義大利人，假期還真是不少。除了國定假日外，還有許多天主教節慶，再加上8月天氣太熱、不宜工作，除了市中心遊客較多的商圈外，大部分商店都會休個2～3週。以下列出義大利重大節慶，以方便規畫行程。

▲ 復活節節慶，大部分商店都關門休息，認真過節去

日期	國定假日與特別節慶	說明
1月1日	元旦、開國紀念日	適逢週日不補假。
1月5日～2月底	冬季特賣	幾乎所有省分都是1月初開始特賣，折扣達50%，所以許多名牌店都是一大早就大排長龍。
1月6日	主顯節	紀念耶穌基督降生後，第一次顯現在外邦人面前(東方三博士)的日子。
2月	威尼斯嘉年華會	趣味橫生又充滿戲劇性的威尼斯嘉年華會，是一生中要參加一次的節慶。每年於大齋首日前兩週開始至懺悔節結束。詳細日期可參見www.carnivalofvenice.com
4月初	米蘭家具展	這是義大利暨全球設計界的嘉年華會。除了展覽場，市區各家家具設計店也推出各項活動共襄盛舉。
4月初	復活節	復活節在每年春分月圓後的第一個星期日及星期一。
5月1日	勞動節	全國大放假，大部分博物館均休息。
5～6月	佛羅倫斯音樂節	大師雲集的音樂盛會。
6月2日	義大利國慶日	首都羅馬會舉辦精采的慶祝活動。
6月29日	聖保羅與聖保祿主保日	羅馬兩位主保聖人瞻禮日，羅馬城放假，晚上舉辦煙火慶祝活動。
6月底～9月中	維諾那露天歌劇季	每年夏季，茱麗葉故鄉維諾那的古羅馬圓形劇場推出一系列的歌劇表演，各大經典劇碼輪番上場。
7月第一個週末	夏季特賣	約至8月底結束。
8月	休假月	8月是大休假月，義大利人會全家，到海邊或山上度假。因此很多店鋪都會關門休息，市區大概也只剩下觀光客和1/3的義大利人。
8月15日	聖母升天節	放到最高峰，大部分商家及博物館都休假，城市有煙火表演。
11月1日	萬聖節	父母會帶小朋友上街要糖。
12月8日	聖母無染原罪節	各大城小鎮會請出聖母像遊街，有點像台灣的媽祖遶境。
12月24～26日	聖誕節	義大利的聖誕節是屬於家人的節慶，因此幾乎所有義大利人都會回家過節，街上會靜悄悄的，店家在聖誕節當天會關門休息。12月一整個月，店家週日也開店營業，方便大家買禮物。
12月31日	元旦假期連假	過年是義大利人在外面狂歡慶祝的節日，主廣場會舉辦大型跨年音樂會，或一些節慶活動。

備註：每個城市有自己的「守護聖人升天日」，當天也放假，詳細日期可詢問飯店櫃檯人員或查看店家告示。

要準備的證件

護照、簽證、國際駕照，請提早辦理。

申辦護照

還沒有申辦過護照者，或者護照有效期限不滿6個月者，需到外交部領事局辦理新護照。

辦護照需準備以下文件

■ 護照申請書1份。

■ 繳驗國民身分證正本，準備1份影本黏貼於護照申請書正面(14歲以下無身分證的小孩，需繳驗戶口名簿正本，附上1份影本，或是3個月內有效的戶籍謄本1份)。

■ 2吋彩色照片一式2張(照片規格：彩色；光面；白色背景；6個月內拍攝之正面半身像)。

■ 繳交舊護照，新辦則免(護照效期未滿1年者，即可更新護照)。

■ 男性須帶著護照申請書、相關兵役證件(服完兵役、正服役中，或免服兵役之證明文件正本)，至國防部、內政部派駐外交部領事局，或各分支機構櫃檯，在護照申請書上加蓋兵役戳記。尚未服役的男性則免持證件，直接至上述櫃檯申請加蓋戳記即可。

■ 未滿20歲的未成年人，須由監護人在申請書上簽名，並貼上身分證影本。

■ 護照規費新台幣1,300元。請妥善保存規費收據，以便領取護照。

護照這裡辦

外交部領事事務局(台北)

🔗 www.boca.gov.tw
✉ 台北市濟南路一段2-2號3～5樓
📞 (02)2343-2807
🕐 週一～五08:30～17:00(週三至20:00)，國定例假日除外；一般件為4個工作天，遺失補發件為5個工作天
💲 新台幣1,300元整(費用時有更動，請參考外交部領事事務局公告)

台中

✉ 台中市南屯區黎明路2段503號1樓
📞 (04)2251-0799

嘉義

✉ 嘉義市東區吳鳳北路184號2樓之1
📞 (05)225-1567

高雄

✉ 高雄市苓雅區政南街6號3～4樓
📞 (07)715-6600

花蓮

花蓮市中山路371號6樓
(03)833-1041

※ 資料時有異動，請以官方公布的最新資料為主

豆知識

幫護照加空白頁

如護照還未到期，但已沒有空白頁面的話，只要到外交部領事局的服務台加頁即可。一般來說，等候人數並不多，只要攜帶護照正本，5分鐘即可取件，1本護照最多可加2本護照的頁數。

貼心 小提醒

出發前，記得填寫出國登錄

出國前可順便到外交部領事事務局網站的「出國登錄」網頁填寫資料，並加外交部的Line，以便即時收到外交部發布的旅遊安全訊息。

免簽證

義大利是歐盟申根國家之一，持中華民國護照就可免簽證赴歐洲旅遊90天（以免簽證方式赴申根國家停留期限為：180天內總計可停留90天）。若非觀光目的，須到「義大利在台經濟貿易文化推廣辦事處」（www.italy.org.tw）辦理簽證。

若需在義大利停留3個月以上，除入境簽證外，抵達義大利的8個工作天內，還要到當地警察局（Questura）另外申請居留證（Permesso di Soggiorno）。

留學進修者，申請好學校後要向學校申請「入學許可」，然後到義大利駐台辦事處申請「學生簽證」。持一般簽證入境者，無法在當地改為學生身分，務必要持「學生簽證」入境，再持學生簽證及學校核發證件和投保當地保險等資料，向當地警察局申辦「居留證」（Permesso di Soggiorno）。

免簽證入境觀光需準備以下文件

- **有效護照**：最少仍需有6個月的有效期（離開申根國家時）。
- **機票**：續程或回程機票。
- **財力證明**：足以支付旅遊期間相關必要花費的證明。
- **旅館訂房紀錄**：任何旅館或住宿資訊。
- **邀請函**：若為受邀開會者或入學許可。
- **關係證明文件或父母(或監護人)同意書**：與未成年兒童同行者須提供證明彼此關係的文件或父母(或監護人)同意書(英文或該國語言)。

請注意 依規定應購買足額的申根醫療保險，並備英文保險單備查。

簽證這裡辦

義大利經濟貿易文化推廣辦事處

- 🌐 taipei.esteri.it/zh
- @ visti.taipei@esteri.it (簽證組)
- ✉ 台北市基隆路一段333號18樓1809室 國貿大樓
- 📞 (02)2345-0320
- 🕐 簽證組開放時間：送件須先預約；詢問簽證、領事務：週一～五14:00～16:30 分機111 或112

＊資料時有異動，請以官方公布的最新資料為主

貼心 小提醒

關於居留證的取得

義大利官方規定，在義大利居留3個月以上，抵達當地就需要到警察局辦理居留證。居留證有效期限，是依據入境許可的類別來判定。商務、旅遊不可超過3個月；季節性工作不可超過6個月，如需延長，也不會超過9個月；若是學生則依照學習時間而定，一般一次只給1年，每年更新居留證；對於自主工作、時間不定的工作及探視親人者，不可超過2年。

申辦其他證件

申辦國際駕照

計畫租車旅遊者，務必申辦國際駕照，但除了國際駕照，仍需攜帶國內駕照正本出國，並需使用信用卡才能租車。

申辦國際學生證ISIC

此為國際認可的學生證明文件，可以享有博物館、景點門票、電影票、住宿及交通(包括：學生機票、長途火車、巴士票)之學生優惠價，另外也提供24小時緊急救援服務(期限1年)。

申辦國際青年證IYTC

如果你不是學生，但為30歲以下的青年，則可辦理國際青年證，可享飛機、火車、渡輪、巴士、交通工具租用、旅行團、餐飲、博物館、電影院、景點、表演、購物等優惠(期限1年)。

申辦YH青年旅館證ISE

想入住YHA聯盟的青年旅館，即使沒有青年旅館證也可以投宿，但費用會比較貴一點。若你規畫的行

程中，大部分會投宿這個聯盟的青年旅館，可在出發前辦理青年旅館證。雖名為「青年」，但申辦並沒有年齡限制(12歲以下孩童不需辦理)，1年有效，全球通用。

四大證件這裡辦

國際駕照
- ✉ 各縣市監理處
- 🕐 當天申請，當天拿到
- 💲 新台幣250元
- ℹ️ 所需文件：護照、駕照、身分證、2吋照片2張
  若有交通違規罰款案件沒處理，就無法申辦國際駕照

國際青年證&國際學生證
- http www.yh.org.tw
- ✉ 台北市大安區忠孝東路四段148號5樓之一
- ☎ (02)2322-1881
- 💲 新台幣400元

YH青年旅遊卡
- http www.yh.org.tw
- 💲 新台幣600元

- ℹ️ 以上證件也可在下列機構辦理：
  金展旅行社：fit.goldtravel.com.tw
  ISIC Taiwan：www.isic.com.tw

＊資料時有異動，請以官方公布的最新資料為主
＊本頁照片提供：國際青年旅舍協會

貼心 小提醒

管理證件

請記得，所有證件都建議拍照備份，證件若不慎遺失，可以用此備份進行補辦。

行前準備

外幣匯兌

在國內兌幣的收據可留存，如果錢沒花完，回國後可持收據，免手續費換回台幣。

建議攜帶歐元現金、提款卡(至少2張)、信用卡(至少2張)。

現金

20及50歐元最好用

出國前，可先到銀行或線上匯兌兌換歐元(台灣銀行等均提供線上優惠匯率換匯、在機場領錢的服務)，最好換一些小額錢幣，剛抵達時，可用來購買車票。新台幣在歐洲地區無法直接兌換歐元。

銀行、機場、火車站及大觀光點附近都有兌換處，匯率不一，記得先查看匯率及手續費。有些兌換點雖然匯率較好，但手續費也高，要先詢問清楚。機場的匯率通常比較不好，建議到市區的兌換處或銀行換。

換匯時，不要換500歐元大鈔，因為除非是精品店，否則很少店家願意收大面額鈔票，得先到當地銀行換開才能使用。

▲ 觀光區附近都找得到兌幣處

信用卡

刷卡消費最便利

義大利一般商店都接受Master或Visa信用卡，甚至一些攤販也接受信用卡付款。建議最好攜帶2張卡，以防任何一張無法使用。出國前，可向信用卡銀行申請暫時調高使用額度，尤其現在行動支付已相當普遍，咖啡館、餐館、超市、公車購票均可使用，使用信用卡付費的機率很高。

跨國提款

方便，但需付手續費

使用國內銀行所發的提款卡（金融卡），在國外的ATM（自動提款機）直接提領當地的貨幣，對於旅行時間較長者是最簡易的方式。雖然跨國提款需扣手續費（將台幣換成美金，再換成當地貨幣，再加0.5%左右的費用，銀行另外收一筆75元的手續費，有些銀行只要帳戶存款超過某個金額，或在當地該銀行的分行提領，即不收75元手續費），但至少身上不需帶太多現金，也不需行前先換匯。

請注意 出國前，一定要先向銀行確認你的金融卡是否已開通跨國提款功能，並設定歐洲系統的4位磁條密碼。

貼心 小提醒

金融卡海外救援電話

記得一定要將信用卡、金融卡、旅行支票的海外緊急救援電話記下來，不慎遺失時，可在第一時間辦理掛失(建議各帶2張卡)。

一天基本消費物價表

物品	參考價格	說明
礦泉水	€1	小瓶，超市價€0.50 餐廳大瓶裝約€2～4
卡布奇諾	€1.50	早餐，站著喝 坐著喝約€2.50～4
可頌	€1.50	早餐
冰淇淋	€2	
義大利三明治	€3	午餐套餐約€10～15
巴士	€4	1日票。單程票€1.5
博物館門票	€20	1家約€10，視數量而定
晚餐	€25	餐廳
小計	€58	不包括住宿

＊1天最基本消費約新台幣2,000元

旅行支票

最安全的貨幣，但在義大利不實用

這是較安全的貨幣，需本人簽名才可使用，兌現時需核對護照。遺失旅支，可在當地馬上補發（購買時，合約背書都有各國的緊急聯絡電話與補發說明）。

但旅行支票在義大利使用很不方便，需先到銀行或旅行支票服務櫃檯換現金，而且銀行手續費相當高。若是美國運通旅行支票，最划算的是直接到當地美國運通櫃檯換，但也要3%的手續費。緊急匯款，則可善用西聯匯款。（請參見應變篇P.201）

請注意 Euronet ATM現在隨處可見，但匯率相當差，國際提款建議在義大利當地銀行或郵局的提款機領錢。

行前準備

ATM 跨國提款步驟 Step by Step

Step ➀ **找提款機**

確認你的提款卡背面有何種聯合提款標誌，尋找貼有相同標誌的提款機。

Step ➁ **插入提款卡**

「Inserire la carta」，請將提款卡插入Inserire carta的插槽中。

Step ➂ **選擇語言與提款功能**

可選擇「English」（英文），再選擇「Withdrawl」（提款功能）。

Step ➃ **輸入密碼**

「Key in the secret code and press the confirm key」，輸入密碼並按確認鍵「Conferma」（綠色鍵）。**請注意** 歐洲的提款機為磁卡提款，出國前請向銀行確認提款卡是否已設定4位磁卡密碼，並啟用國際提款功能。

Step ➄ **選擇提款金額**

「Select an amount」，如果螢幕上的金額沒有你所想要的，請按Other amount，自行輸入提款金額。

Step ➅ **確認提款金額**

確認後，請按「YES」。

Step ➆ **列印收據**

需要列印收據，請按「YES」。

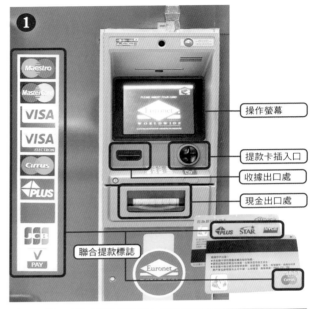

操作螢幕

提款卡插入口

收據出口處

現金出口處

聯合提款標誌

➁ 插入提款卡

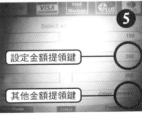

➂ Withdrawal　Recharges and Payments

提款功能鍵

➃ Key in the secret code and press the confirm key

輸入密碼後按確認鍵

➄ Select an

設定金額提領鍵

其他金額提領鍵

➅ 確認後按YES

確認提領金額

EURO 100.50

YES　　NO

➆ 需要收據按YES

YES　　NO

行李打包

墨鏡及遮陽帽：義大利太陽很大，必備！

一般經濟艙行李限重是20公斤，商務艙30公斤，超出1～2公斤，航空公司通常可通融(華航及長榮直飛班機為每人可攜帶兩件23公斤託運行李)。超重的話，櫃檯小姐會要求先拿單子去付款，再回到櫃檯辦完登機手續。或者攜帶可上機的摺疊式袋子，將一些東西放進隨身行李中。

請注意 水、超過100毫升的液裝瓶及危險尖銳物品不可帶上機。隨身行李尺寸規定：不可大於56公分×36公分×23公分。

行李最好控制在7～9公斤！

輕裝旅行，因為歐洲的石頭路真的很不好拖重行李。若行李能控制在7公斤左右，即使拖普通小行李箱，一樣可以像飛毛腿般暢行歐洲古城，而且又不需負重背後背包，上下火車也靈巧。

貼心 小提醒

出國必帶物品

其他東西沒帶都可到當地購買，但一定要攜帶：

2張信用卡
外幣現金
2張照片
需開車者，也記得攜帶國際駕照及國內原駕照
2張提款卡
護照

貼心 小提醒

不建議帶皮夾

建議帶個小的零錢包，裡面放一天所需的現金量及一張信用卡即可。其他現金及信用卡、提款卡則另外放。

▲ 最好帶這種能一手掌握的小錢包

行李箱總類	用處	優點	缺點
大行李箱	裝不重要的衣物及戰利品。	可裝比較多戰利品。	古城多為石頭路，不好拖行李，上下車也麻煩。從火車站到旅館可多利用計程車。
後背包	攜帶須隨身帶的重物。行李較少者，可背後背包，移動時便捷許多。	行動力高。若要到大城市附近的小鎮過夜，可以用來裝1、2天所需的衣物，大行李可寄放在大城市的旅館。	重，體力要夠。否則要練習斷捨離的打包功力。
斜肩包	裝須隨身攜帶的重要輕物。	人多時可將包包放在身前，預防被竊。	整天背下來，連一瓶水都覺得重。
可拖、可背、可上機行李箱		路況好時可拖，移動時背，兼具省力及行動力的優點。	這種行李箱加了輪子會多個1～2公斤。

打包技巧

旅行2週以上、且預計大採購者，建議攜帶：大行李箱×1、可上機的後背包或小行李箱×1、斜肩包×1、備用折疊袋×1。

大行李箱	盥洗包	後背包或登機箱	斜肩包
■衣物：衣服以輕、快乾為主，冬天可帶內搭褲。若安排山區或健行行程，應帶運動鞋；濱海行程可攜帶泳裝 ■鞋子：好走路(古城大部分是石頭路，不論參觀景點或逛街，都需要走很多路，很容易起水泡)、帶一雙正式場合穿的鞋 ■多插頭延長線：現在出門3C產品多，歐洲旅館插頭通常不多	■牙刷、牙膏、小塊肥皂、洗髮精、洗面乳(當地藥妝店售有適合洗臉及身體的香皂，可當地購買) ■保濕面霜及身體乳液(義大利相當乾燥，義大利保養品相當好，可帶一兩天分量即可，到當地購買) ■化妝、卸妝用品 ■防曬乳液 ■毛巾 ■打包時，可將盥洗包放在行李的右上角，方便拿取，也較不會被重物壓到，以至液體流出。	■電腦 ■充電器或備用電池(不可放託運的行李箱) ■絲巾及薄外套：義大利日夜溫差大 ■逛街時可裝戰利品，比較不用提著大包小包逛街 ■水 ■常備藥	■錢包：2張信用卡、2張金融卡、現金均應分開放（一半放在付錢的皮夾，另一半放在拉鏈內袋） ■護照：可將護照放旅館，攜帶影本即可，或者以手機拍照留存 ■旅遊資料及地圖：參考旅遊書及地圖 ■手機或相機 ■面紙及濕紙巾 ■太陽眼鏡、護唇膏 ■護手霜(機上需要)
夏季出遊可攜帶一件長褲＋長襪衫、一件棉T+裙子、一件可休閒可正式的上衣＋短褲或七分褲、一件正式場合穿的洋裝(若會去正式場合)、盥洗用品	出門在外，力求簡便	輕質可肩背、後背的備用袋，上街購物可裝戰利品，行李過重也可裝衣物這類安檢時比較不會有問題的物品上飛機	裡面最好有個容易拿取的外袋，以及一個帶拉鍊的內袋

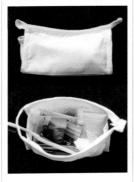

| 一雙好走的鞋、一雙正式的鞋，夏天可攜帶一雙涼鞋 | 攜帶可洗臉及洗澡的肥皂、小包裝盥洗用品及化妝品(也可到當地藥妝店購買) | 隨身攜帶一件連帽的防雨外套相當實用 | 錢包、護照、護唇膏、面紙、墨鏡、帽子、相機、圍巾、旅遊書 |

如何準備服裝

義大利四季分明，所以每個季節需帶的衣物不一樣，出發之前最好先上網查詢當地氣候www.meteo.it。

春秋	夏季	冬季
棉質長袖、外套、毛衣、大圍巾、防雨帶帽夾克	短袖上衣、短褲或裙子(不要太短，進教堂不方便)、薄長袖襯衫、薄外套、遮陽帽、墨鏡、泳衣	厚大衣、手套、圍巾、帽子、墨鏡(冬季太陽還是很大)、棉質長袖、毛衣、長褲或厚長裙＋內搭褲或厚長襪

圍巾或大披肩：義大利早晚溫差大，這非常好用且方便攜帶

一件式洋裝：這種短的一件式洋裝最適合大城市穿，休閒又不會太隨便，方便攜帶

大衣：必備超保暖大衣，且需方便穿脫

帽子：非常重要，否則會覺得很凍

保暖圍巾：相當重要

墨鏡及遮陽帽：義大利太陽很大，必備！(義大利的墨鏡樣式及品質相當好，也可到當地購買)
大披肩或薄外套：進教堂或晚上較涼時穿，夏季可攜帶輕薄的褲子或裙子
薄長袖襯衫：最適合炎熱的夏季，具防曬效果

上身：採多層次穿法，白天氣溫可能25度，晚上會降到17度

棉質長袖＋毛衣：室內穿這樣，義大利室內都有暖氣，不建議穿保暖的衛生衣褲

指指點點義大利文

Ciao / 嗨，再見
Buongiorno / 日安
Buonasera / 晚上好
Buonanotte / 晚安(睡覺前用)
Arrivederci, arrivederLa(敬語) / 再見
Come stai?, Come sta?(敬語) / 你好嗎？
Scusa; scusi(敬語) / 對不起，不好意思
Grazie / 謝謝

Prego / 不客氣，請
Per favore; per piacere / 請，拜託
Piacere / 很高興認識你
Si / 是；No / 不是
Signore / 先生；Signora / 太太
Signorina / 小姐
Parli inglese? / 你會說英文嗎？
Che ora sono? / 現在幾點？

Dov'è il bagno, per favore?
請問哪裡有廁所？

Dove posso combiare i soldi?
哪裡可以換錢？

Posso pagare con carta di credito /
travel check?
我可以用信用卡/旅行支票付款嗎？

行李清單

隨身行李(斜肩包)

護照(正本、影本、數位檔)	護照有效期限,至少要6個月以上;記得影印或照相備份
簽證	90天內觀光免簽證,若為學生或工作居留需另外辦理簽證
護照簽證影本	備份文件與正本請分開放,另外可用數位相機或手機拍照備份,需要時直接看照片即可
機票	現多為電子機票,可印出並記下聯絡資訊,以便更改行程聯繫
信用卡	如要預借現金者,請事先申請;抄下信用卡公司緊急聯絡電話;記得影印備份
提款卡	確認已開啟海外提款功能、磁卡密碼設定(4碼密碼);至少攜帶2張;抄下銀行緊急聯絡電話(海外打回台灣,無法撥打0800免費電話,請抄下一般付費電話號碼);記得影印備份
現金	換幣時,記得兌換小額歐元以方便使用;最好將錢分放在不同地方,但要記得放在哪裡
國際駕照及國內駕照	如要租車者,需先申請國際駕照,並帶國內駕照正本
國際學生證、國際青年證青年旅館證(YH卡)	出國前可先辦理, 買機票、火車票時即可用來購買優惠票
海外急難救助保險卡	先向保險公司詢問海外急難救助方式
證件大頭照	可攜帶2、3張,以利到國外補辦證件使用
相機及記憶卡	多攜帶幾張記憶卡(歐洲較貴)
零錢包	小額錢幣放在這裡,與大額錢幣或信用卡、金融卡分開放,以分散風險
手機	出國前記得開國際漫遊功能;出國前最好關閉語音信箱功能,因為只要開始留言即需付國際漫遊費用;台灣親友可以簡訊方式聯絡,費用為國內簡訊費用;由國外傳簡訊,1則約10元

隨身行李(後背式)

筆、記事本	記事本方便安排行程、寫遊記、記下親友通訊錄
藥品	視個人需要,或拿藥單到當地藥房購買,當地藥局跟台灣類似
旅遊資訊、導覽書、地圖	帶附地圖的導覽書,以便手機沒電時查看
行動電源	不可放在託運行李,一定要隨身攜帶
防寒、雨外套、絲巾/圍巾	視季節需要攜帶
帽子、太陽眼鏡	夏季必備,冬季太陽也很亮眼,也需攜帶太陽眼鏡
雨衣、雨具	春秋時節較需要用到

託運行李(行李箱)

毛巾、沐浴精、洗髮精	二星級以下的飯店、青年旅館不提供盥洗用品
牙刷、牙膏、洗衣粉	可攜帶旅行專用小包裝,也可到當地購買
防曬乳、保濕乳液、護唇膏	氣溫雖不一定很高,紫外線還是很強,要注意防曬。氣候乾燥,最好攜帶保濕乳液、護唇膏
化妝品、保養品	依個人需要,冬天最好帶乳液、護唇膏;夏季帶防曬乳液;也可到當地購買
吹風機、刮鬍刀	注意電壓要200-220V以上
充電器	攜帶3C產品充電器
轉接插頭、延長線	若電器用品不是萬國通用電壓,則需帶變壓器,否則只要帶轉接插頭即可;也可到當地購買
T恤、襯衫、褲、裙、襪子	冬季室內有暖氣,春秋早晚溫差大,以多層式穿法穿衣;夏季溫度高,以吸汗、透氣為重
內衣褲	可攜帶速乾型
生理用品	也可到當地購買
鞋子	2雙,1雙舒適耐走型,1雙正式型
正式服裝	看表演或到高級餐廳可穿;義大利人晚上到餐廳用餐一般不會穿得太隨便
厚外套或薄外套	視季節而定
泳衣	夏季計畫到海濱或入住泳池旅館,亦或計畫泡溫泉者,記得攜帶泳衣

機場篇
Airport

抵達機場後，如何順利入出境？

從台灣搭飛機、中途轉機、入境義大利、如何離開義大利機場，
本章一氣呵成告訴你。

如何辦理出入境手續

要辦理退稅者，至少3小時前抵達機場！

羅馬Leonardo da Vinci Fiumicino國際機場，是義大利的首要國際機場，大部分長程國際航線都在此起降。另一個機場則為羅馬G.B. Pastine Rome Ciampino機場，往返歐洲其他國家的低價航空公司班機大都由這個機場起降。北義大利的主要國際機場為米蘭的Malpensa國際機場，這個機場距離市區較遠，另一個較靠近市區的Linate國際機場，也有許多國際航線。廉價航空大部分停靠附近山城Bergamo機場。

來自台灣的航班，大多飛抵羅馬的Leonardo da Vinci Fiumicino及米蘭的Malpensa國際機場。購買機票時可買羅馬進、米蘭出(或相反)的機票，節省往返時間。如要直接到義大利中部的佛羅倫斯，可選擇飛到羅馬，由羅馬搭火車到佛羅倫斯僅約1.5小時。或由歐洲其他國家轉機到佛羅倫斯或比薩機場。

中部的主要機場為佛羅倫斯及比薩機場，其他各主要城市也幾乎都有機場，與歐洲其他各國的航線非常完善，可善用廉價航空(P.30)。

 貼心 小提醒

羅馬機場快速通關

自2019年中起，持台灣護照可走自動通關入境，再也不需排長長的隊伍等候海關審核。

機場內可用的服務

遺失行李，這裡找

請特別注意，飛往義大利，行李偶有遺失情況，貴重物品最好隨身攜帶。如有行李遺失問題，請直接洽詢Lost & Found或航空公司。有時航空公司會直接帶旅客前往遺失行李區認領。

機場內的電信服務處

機場內除了出關後有電信公司的服務櫃檯外，現在像是羅馬機場的行李提領處旁，也設有電信服務櫃檯，雖然費用會比外面貴一些，但若急需上網電話卡，可直接在此購買。

從台灣出境

搭乘國際航線，需2小時前抵達機場。前往機場前，請先確認飛機從第幾航廈起飛。

Step 1 找到櫃檯

抵達機場後，先看入口處的看板，尋找你要搭的航班，在哪個櫃檯辦理登機手續。

Step 2 辦理登機手續

出示護照及機票憑證，在航空公司櫃檯辦理登機手續，服務人員會給你一張登機證。大件託運行李亦在此辦理。

Step 3 隨身行李安檢

通過隨身行李X光安全檢查（電腦、相機、手機須拿出來）。不能帶水，任何液狀物品不可超過100ml，總共不超過1,000ml，且需要放在透明夾鏈袋中。

Step 4 前往出境處

需出示護照及登機證。

貼心 小提醒

提前線上辦理登機劃位

通常出發前48小時即開放線上辦理登機及劃位，可以先選自己喜歡的來回行程座位，比較能保證可以和親友坐在一起(廉價航空除外)。建議手機下載航空公司APP，會提醒線上劃位時間並可儲存電子機票，憑電子登機證即可在機場辦理退稅。

機場提款機也可提領外幣

目前台灣機場的提款機也可以直接提領美金、日圓等外幣。

匯兌

辦理完登機手續後，可在機場內的銀行櫃檯兌換歐元。也可前往保險公司櫃檯辦理旅遊保險。

辦理自助通關

國人可在登機前，在機場辦理自動通關，完成後，出入境均可走自動通關，不需排隊等候。**如何申辦**：只要年滿14歲，身高140公分以上，攜帶護照、身分證或健保卡，即可在機場移民署櫃檯辦理。

Step 5 找到登機門

依指標,前往登機門候機(登機證會標示幾號登機門及登機時間)。

Step 6 登機

聽到登機廣播後,搭乘經濟艙者,請先等候頭等艙及有小孩的乘客登機後,再出示登機證及護照登機。

中途轉機步驟

飛往歐洲的飛機,一般會在香港或曼谷等地轉機。若是同一家航空公司或合作的聯盟航空公司,在台灣辦理登機時,會一次辦好每個航段的登機手續。轉機時只要直接前往登機門候機即可。行李也會從台灣直接運抵最後目的地。但轉機時即使是同一班飛機,還是要把所有隨身行李帶出來。

Step 1 沿指標走

下飛機後,依「Transit / Transfer」的指標走。

Step 2 找到登機門

轉機登機門前通常有空服人員指示轉機方向並發予轉機證,否則可自行查看電子看板。

Step 3 檢查隨身行李

依照機場內登機門指標前往登機,進入登機門前,需通過X光安全檢查隨身行李通過安檢後,再上同一班飛機繼續第二段行程。

Step 4 候機

至登機門候機,登機前須出示護照及登機證。

貼心 小提醒

錯過轉機班機怎麼辦

萬一因為天候或其他因素錯過轉機班機,抵達後,直接到機場內的轉機櫃檯看可以轉哪班最快的班機。有時需要更改飛航路線。若是要過夜,而且是航空公司自己的因素,櫃檯會協助安排住宿。

入境義大利

Step 1 沿指標走

出機艙後，依「Uscita / Way Out」指標走。

轉機跟著走　　入境跟著走

Step 2 入境檢查

通過入境檢查處「Controllo Passa-porti」，非歐盟國家公民，請排在「All Pass-ports」的櫃檯（需出示護照，移民關人員將檢查簽證或是否符合免簽資格）。持台灣護照由羅馬或米蘭機場入境可走自動通關入境。

Step 3 提領行李

通過移民關後，依照「Ritiro bagagli」（Baggage claim）指標走，提領託運行李。請先查看電子看板，上面標示了班機以及行李提領的輸送檯號碼，依據搭乘的航班前往等候行李。

Step 4 通過海關

拿到行李後，依「Uscita」指標通過海關。海關通常不會檢查行李，若沒有物品要申報，請走綠色通道「Niente da dichiarare」直接出關；需要申報，請走紅色通道「Oggetti da dichiarare」。

有物品要申報　　直接出關

貼心 小提醒

入境義大利免稅品限額
- **現金**：1萬歐元以下
- **酒精**：酒精濃度低於22%的酒2公升，超過22%的烈酒則為1公升
- **香菸**：香菸200支或雪茄100支
- **菸草**：250克

其他物品可詳見https://goo.gl/g3TqfT

Step 5 離開機場

出海關後依指標前往搭計程車（Taxi）、公車（Bus）、租車（Autonoleggi）或火車（Treni），前往市區或其他目的地。現在羅馬機場每天兩班高鐵前往主要城市，不需進市區的火車站換車。

依指標去搭車

出境義大利

Step 1 找到出境樓層

若是搭火車到機場，下車後即可看到電子看板，查看應在哪個航廈辦理登機手續，再依循「Partenze / Departure」指標前往出境樓層。

Step 2 辦理退稅

最新規定是直接到退稅公司櫃檯辦理退稅，不需海關蓋章（若有例外情況需蓋章，櫃檯檢查後會告知），再到航空公司櫃檯辦理登機。

抵達機場後，持退稅單、護照、退稅商品，先到退稅櫃檯或自動退稅機辦理退稅。若被告知需經海關檢查，則要讓海關看過商品、取得蓋章後，再到海關旁的退稅櫃檯辦理退稅。若來不及辦理現金退稅者，可在退稅單上填寫好信用卡資料，將退稅單放入信封投入機場內的郵筒。詳情請見P.135「如何辦理退稅」。

Step 3 櫃檯辦理登機手續

查看電子看板，找搭乘航班的check-in登機櫃檯號碼。前往櫃檯辦理登機手續及託運行李（強烈建議前一晚先上網辦理線上check-in，將電子登機證儲存在隨身電子裝備中）。

Step 4 出境檢查、前往登機門

1.出示護照及登機證；2.檢查隨身行李；3.檢查護照（羅馬及米蘭機場可走自動通關出境）；4.依指標前往登機門候機，聽候廣播登機，出示護照及登機證登機。

貼心 小提醒

免費QPass快速通關

旺季時搭機人數相當多，最好提早3～4小時抵達機場。羅馬機場現推行QPass快速安檢通關，目前為免費，機場官網預約後，需在指定時間抵達，由專人帶領通過安檢；另有付費的Fast Track快速通關服務(€7)，隨到隨可經由快速通關出境。

http www.adr.it/web/aeroporti-di-roma-en/servizi

機場篇

如何從機場往返市區

機場列車速度快、不塞車，巴士則較省錢。

羅馬 國際機場
Leonardo da Vinci Fiumicino

大部分飛抵義大利的國際航班都在此機場降落。T1～3航廈相通，建議行前先查看航班的出境航廈。

http www.adr.it

☎ 06 65951，失物招領電話：06 6595 5253

搭火車

從達文西Leonardo da Vinci Fiumicino機場，可搭乘直達火車Leonardo Express前往羅馬市區的特米尼（Termini）火車站。

也可以搭乘一般火車FM1前往市區，終點站是羅馬的另一個火車站Stazione di Roma Tiburtina，行經Roma Ostiense或Roma Trastevere，車資較便宜，但要注意的是，地區性火車較常誤點。FM1火車詳細發車時刻表請參見網站。

http www.trenitalia.com

火車搭乘步驟 Step by Step

Step ① 找到機場車站

從機場前往羅馬市區，請依「Treni/ Stazione」指標，前往機場內火車站搭乘火車。

Step ③ 確認火車

每個月台前，都有看板顯示目的地及發車時間，欲前往羅馬市區請搭乘前往Roma Termini的火車。

Step ② 購買車票

可到人工購票處、火車站內的Tabacchi 菸酒雜貨店買火車票，或利用自動購票機器買票。持歐洲火車通行券頭等艙者，可搭乘所有火車車種，但記得上車前先填寫好當天日期。

Step ④ 打印車票

上車前，請先在月台前的黃色機器打印車票。將票插入黃色機器中，即會自動打上當天日期及搭乘時間（沒打票者會被視為逃票）。

車票打印機器 ▶

Step 5 確認車等

火車車廂外側都會標示一等或二等車廂，以及吸煙區或非吸煙區（Leonardo Express機場快車只有一等車廂，持一般車票者不可搭乘機場快車）。

禁菸車廂

二等車廂

Step 6 置放行李

行李較大者，可從標示行李圖樣的車廂上車，上車後將行李放在行李置放處。

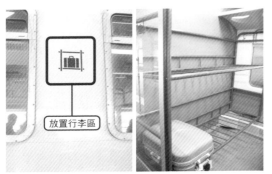

放置行李區

機場火車票購票方式

羅馬機場購票可選擇櫃檯、機器、或站內的雜貨店購票，購票時記得清楚說明要購買Leonardo Express機場快車或一般火車（Regionale）。機器購票雖會要求選擇車班時間，但票上並不會顯示班次時間，當天均可使用。

請注意 購票機標有鈔票及硬幣圖案的機器，才能接受現金付款。購票方式同一般火車票，詳細機器購票步驟請參見P.68。

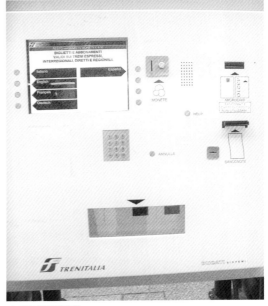

▲ 地區性售票機

Fiumicino機場往返市區交通工具

交通工具	車程／票價	優缺點	詳細資訊
Leonardo Express 機場列車	32分鐘 單程€14，一個大人可免費帶一位4～12歲的孩童	**優點**：準時、無塞車問題 **缺點**：票價較貴、行李多者須拖著行李上下火車及月台	●官網預訂：www.trenitalia.com ●站名輸入：Fiumicino Aeroporto及Roma Termini ●現場購票，23及24號月台前即有購票機及櫃檯 ●持頭等車廂火車通行證者可用於機場列車 ●羅馬出發：05:35～22:35(每小時的05分及35分發車) ●機場出發：06:23～23:23(每小時的23分及53分發車) ●每15分鐘一班車
FL1 一般火車	32～48分鐘 單程€8	**優點**：便宜，適合不趕時間且靠近Tiburtina或Trastevere火車站者 **缺點**：較慢	●從羅馬Roma Tiburtina火車站出發：05:01～22:01 ●機場出發：05:57～22:42 ●每15分鐘一班車 ●可搭A線地鐵線到Tiburtina站的Roma Tiburtina火車站搭車，或由特米尼火車站搭地鐵到Piramide地鐵站，由Roma Ostiense火車站搭車前往機場
巴士 共有5家機場巴士	55分鐘 ●T.A.M.及Cotral單程€7，線上購買€6，來回€11～12 ●SIT單程€7、來回€13 ●Terravision線上預訂單程€6，來回€11	**優點**：便宜許多 **缺點**：塞車	**T.A.M.** 網址：www.tambus.it 機場搭乘處：第3航廈，依循BUS的標示走就可在航廈內看到售票處，購票後走出航廈，到4號位置候車 出發時間：00:10～23:00 市區搭乘處：Ostiense車站外的Eataly前或Termini火車站旁(Via Giovanni Giolitti 10) 出發時間：00:30～23:30 **SIT** 網址：www.sitbusshuttle.com 機場搭乘處：第3航廈外1號候車處 出發時間：07:15～00:40 市區搭乘處：Termini火車站Via Marsala 5、梵蒂岡城Via Crescenzio 2 出發時間：04:45～20:30 **Cotral** 網址：www.cotralspa.it 機場搭乘處：第2航廈入境大廳外，依循Bus Station標示 市區搭乘處：Piazza dei Cinquecento (Museo Nazionale Romano博物館前)、Tiburtina火車站前、A地鐵線Cornelia站、B地鐵線Eur-Magliana站 **Terravision** 網址：www.terravision.eu 機場搭乘處：第3航廈入境大廳外7或8號候車處 出發時間：05:35～23:00 市區搭乘處：Termini火車站外(Via Giolitti) 出發時間：04:40～21:50
計程車	約40分鐘 到市區約€50、Ciampino機場€52、Nuova Fiera展覽中心€26	**優點**：快速舒適，適合行李多者；多人共遊比搭火車還划算，不需煩惱旅館到火車站的交通問題 **缺點**：貴，有時會遇到不良司機	●請認清白色車身，標有TAXI，Comune di Roma的字樣 ●機場到市區為固定價 ●第一件行李免費，其他需加價 ●可先透過www.romeairporttaxi.com網站預訂

＊資料時有異動，請以官方公布的最新資料為主

機場篇

羅馬機場
G.B. Pastine Rome Ciampino

從歐洲飛來的低價航空公司航班，大都會在此機場起降，如Ryanair或Easy Jet航空。

http www.adr.it ☎ 06 794941

廉價航空

目前由Ciampino機場飛的廉價航空航線幾乎遍及歐洲各國，包括英國、法國、比利時、德國、西班牙、北歐、捷克、波蘭等，主要航空公司有Easy Jet、Ryanair。另外還有飛往西西里島、薩丁尼亞島及北義的Treviso。有時巴黎到羅馬的機票不需1千台幣，航班資料可參見Google Flights網站，或P.31所介紹的旅遊實用程式。

▲ 羅馬市區Termini火車站外面的廣場及側門，為市區及機場巴士的停靠站

▲ 機場巴士位於24月台這一側的車站外，穿過車站內的百貨公司，走出車站就可看到機場巴士，可向巴士前的服務人員購票，早上為熱門時段，搭巴士的乘客多，建議提早到或先預訂車票

Ciampino機場往返市區交通工具

交通工具	車程／票價	詳細資訊
機場巴士	45分鐘 ●SIT市區到機場€6、來回票€11 ●Terravision 線上預訂單程€6，來回票€11 ●ATRAL推出Ciampino Airlink火車加巴士的機場交通套票€2.70	**SIT** 網址：www.sitbusshuttle.com 機場出發：07:45～23:15 市區搭乘處：Termini火車站Via Marsala 5 出發時間：04:30～21:30 **Terravision** 網址：www.terravision.eu 機場出發：08:15～00:15 市區搭乘處：Termini火車站外(Via Giolitti) 出發時間：04:30～21:20 **ATRAL** 網址：www.atral-lazio.com 搭巴士到10分鐘車程外的Ciampino火車站或20分鐘外的Anagnina地鐵站(COTRAL／Schiaffini)轉搭火車或地鐵到羅馬市區
計程車	約40分鐘車程 到市區€31，到Fiumicino機場€52，到Tiburtina火車站€36	●請認清白色車身，標有TAXI ●機場到市區的計程車費用依規定均為固定價 ●第一件行李免費
火車	機場巴士＋到Termini火車站聯票€2.70	可搭機場巴士到10分鐘外的Ciampino火車站，再搭火車到市區的Termini或Tiburtina等火車站

＊資料時有異動，請以官方公布的最新資料為主

威尼斯 機場

Aeroporto di Venezia Marco Polo

從威尼斯火車站附近的Piazzale Roma搭5號公車或ATVO機場線到機場，或從Mestre火車站旁搭15號公車。搭水上計程車(1～4人船)到古城區€120起。機場巴士票及市區公船聯票€18。

🔗 www.veniceairport.it

📞 041 2609260

🔗 水上計乘船預訂：www.motoscafivenezia.it

Venezia巴士搭乘資訊

交通工具	車程／票價	詳細資訊
羅馬廣場：5號或35號快車→機場 Mestre火車站：15號或25號快車→機場	約20分鐘 單程€8 (75分鐘有效)	出發時間：05:40～00:40 (市區到機場)

＊資料時有異動，請以官方公布的最新資料為主

▲ 由羅馬廣場可搭5號巴士前往機場，另還有私營的機場快捷巴士，也可在Mestre火車站前搭乘

▲ 威尼斯機場雖不大，裡面還是有些常見品牌可逛逛，2樓也設有餐飲區

💗 貼心 小提醒

善用機場旅館

　　直飛台灣的班機幾乎都是早上10點左右，8點多就須抵達機場，若不想早上太趕，也可考慮入住機場旅館，羅馬機場內有Sky Hotel及Hilton旅館。若搭火車至機場，直接走機場內的人行天橋即可抵達。米蘭機場第二航廈則有Moxy Milan Airport Hotel、第一航廈有Sheraton Milan Malpensa Airport Hotel，這家最靠近機場火車站，往返市區便利。

米蘭機場
Milano Linate

米蘭Linate機場離市區很近，僅約7公里遠。車程約30分鐘。

http www.milanolinate-airport.com　📞 02 232323

▲ 從Linate機場搭乘前往市區的Line73巴士

Linate機場往返市區交通工具

交通工具	車程／票價	優缺點	詳細資訊
地鐵	由San Babila站搭M4藍線到Linate機場站約12分鐘 單程€2.20	**優點**：快捷、不塞車	週一～五22:15～05:30捷運停駛期間，可搭乘替代巴士NM4
機場巴士 Linate Shuttle - Centrale	25分鐘 單程€7 可在報攤購買	**優點**：便宜、直達 **缺點**：需到車站搭乘	**機場巴士**：www.atm-mi.it ● 市區搭乘處：中央火車站（P.le Dateo，Via Uberti 街角） ● 出發時間：06:45～20:30 ● 每30分鐘一班 ● 機場搭乘處：入境大廳6號門外 ● 出發時間：07:10～20:55
計程車	15～20分鐘 單程€20～30	**優點**：舒適便捷、短程不算太貴 **缺點**：車資較高	● 依循TAXI標示走到航廈外搭乘 ● 電話：02-7777

＊資料時有異動，請以官方公布的最新資料為主

米蘭機場
Milano Orio al Serio (Bergamo機場)

廉價航空大部分是停靠在米蘭郊區Bergamo鎮的Orio機場。可搭火車到Bergamo火車站轉搭市區公車到機場，或轉搭計程車，約10～15分鐘(€15～20)，或由米蘭搭巴士直達機場。由米蘭市區搭計程車約€65～95。

http www.orioaeroporto.it　📞035-326 323

Bergamo巴士搭乘資訊(Orio Shuttle、Autostradale、Terravision巴士)

交通工具	車程／票價	詳細資訊
Bergamo火車站→機場	15分鐘 單程€2.30	● 出發時間：05:18～00:00 ● 電話：035 236026
米蘭中央火車站→機場	60分鐘 單程€10	● 出發時間：03:10～00:10 ● 每30分鐘1班 ● 電話：035 318472

＊資料時有異動，請以官方公布的最新資料為主

米蘭機場
Milano Malpensa

飛 往米蘭，長途國際航班大都至Milano Malpensa國際機場起降，此機場離市區約50分鐘車程。

http www.milanomalpensa-airport.com 📞 02-232 323

米蘭機場火車資訊
http www.trenord.it 📞 02-7249 4949

米蘭地鐵
http www.atm-mi.it

Malpensa機場往返市區交通工具

交通工具	車程／票價	優缺點	詳細資訊
Malpensa Express 機場列車 到Cadorna火車站 　Centrale中央火車站 　Porta Garibaldi火車站	●43～52分鐘／單程€13	**優點**：準時、無塞車問題 **缺點**：票價較貴、行李多者仍須上下車或月台	●火車站或上網預訂：www.malpensaexpress.it ●機場出發：05:20～00:20（第二航廈出發時間） ●市區出發：04:27～23:27 ●每半小時一班車
機場巴士	●50～60分鐘／單程€10 ●Malpensa機場前往Linate機場單程票€13 ●另可購買米蘭卡與機場巴士聯票（€19.9）	**優點**：便宜許多；行李多者，抵達中央火車站可轉搭計程車到旅館 **缺點**：塞車風險	依BUS標示走就可看到航廈內的售票處，購票後會告知巴士搭乘處 **STIE Autostradale** 網址：www.airportbusexpress.it 機場出發：05:45～00:00 中央火車站出發：04:15～00:20，每45分鐘一班 **Air Pullman** 網址：www.malpensashuttle.com 機場出發：05:55～01:10 中央火車站出發：04:25～23:30，每30分鐘一班 （也提供到Linate機場及Fiera RHO展覽中心的車班） ●若要到第二航廈，上車記得跟司機說 ●另有班次到Torino、Genova等城市 ●第1、2航廈之間24小時提供免費接駁車，車程約15分鐘 ●另有Terravision、Caronte兩家機場巴士營運機場線
計程車	●約50分鐘 ●固定價：到市區€90、到Fiera展覽中心€65、到Linate機場€100	**優點**：快速舒適，適合行李多者；多人共乘比搭火車還划算，不需煩惱旅館到火車的交通問題 **缺點**：貴	依循TAXI標示走到航廈外搭乘

＊資料時有異動，請以官方公布的最新資料為主

▲ 中央火車站內、站外的報攤都可購買機場巴士票

▲ 火車站地下街可找到米蘭各機場的巴士票販售商店

▲ 依循BUS標示即可找到巴士購票處及搭乘處

指指點點義大利文

機場用語

各類標示用語

Arrivi / 入境(抵達)樓層
Partenze / 出境(出發)樓層
Uscita / 出口
Ingresso, Entrata / 入口
Polizia, Carabinieri / 警察
Bagni, Toilet / 廁所
Informazione / 資訊中心
Stazione / 火車站
Aeroporto / 機場
Fermata / 巴士站
Binario / 月台

出入境用語

Corridoio / 走道
Finestrino / 窗戶

Dove sono le partenze / gli arrivi?
請問出境 / 入境大廳在哪裡？

Dove si ritirano i bagagli?
請問我要在哪裡提領行李？

Ho perso i bagagli.
我的行李遺失了。

Spedite i bagagli a questo indirizzo.
行李找到時，煩請寄到這個地址。

通過海關用語

Turismo / business / studio
觀光/商務/學生

Una settimana / mese / anno
1個星期 / 月 / 年

Che fai in italia?
你來義大利做什麼？

Dove starai?
你會住在哪裡？

Quanto tempo starai?
你會在這裡停留多久？

搭乘交通工具用語

Biglietteria / 購票處
Orario / 時刻表
Solo andata / 單程票
Andata e ritorno / 來回票，簡寫A/R
Prima classe / 頭等艙
Seconda classe / 二等艙

Dove posso prendere il treno / taxi / l'autobus per il centro?
我要在哪裡搭火車 / 巴士 / 計程車到市區？

Un biglietto per Roma / Milano, per favore.
麻煩，買一張前往羅馬/米蘭市區的車票。

A che ora parte? / 幾點出發？

A che ora arriva a Firenze?
幾點會到佛羅倫斯？

Quale binario? / 哪個月台？

Il treno e'soppresso / in ritardo
火車取消/誤點了。

交通篇
Transportation

義大利走透透，該用什麼交通工具？

義大利南北狹長，無論是在境內或通往境外，飛機、火車、巴士，均是很常見的交通選擇。走訪義大利各大城市，如米蘭、威尼斯、羅馬、佛羅倫斯，也有方便且具地方特色的交通工具可搭乘。

義大利大衆運輸系統

義大利南北狹長，主要交通工具有飛機、火車、長途巴士、輪船。

義大利南北狹長，主要交通工具有：飛機、火車、長途巴士、輪船。如果要南北跑的話，交通時間較長，旅遊時間有限者，建議搭乘飛機或火車夜車。長途巴士夜車較不舒服，但較便宜。如果是大城市到小城市的短程路線，巴士比火車來得便利，一般可直達各小城的市中心。

▲ 大城市通常會有地鐵、電車、公車等公共運輸，一票通用

▲ 米蘭最新電車，許多大眾運輸也一直在汰舊換新

▲ 旅程中也可搭當地特色交通工具體驗一下

▲ 義大利一些橋梁設有這樣的裝置，方便輪椅上下

飛機

目前義大利國內，除了義大利航空外，也有許多票價便宜的航空公司(需線上訂票)。若要從義大利北部，前往南端的西西里島或拿坡里者，可善用國內航空。

義大利國內低價航空資訊

低價航空聯合查詢網站：www.whichbudget.com

Ryanair：www.ryanair.com

Vueling：www.vueling.com
西班牙平價航空，但也有許多義大利航線。

Volotea：義大利新廉價航空公司，常推出特惠票。

EasyJet：www.easyjet.com
歐洲知名便宜航空公司，常有超特惠機票。

廉價航空比較表與資訊，請參考行前準備篇P.30。

＊資料時有異動，請以官方公布的最新資料為主

義大利火車實用APP

 Trenitalia義鐵官方程式
可查詢時刻、購票、火車即時訊息，境外無法下載。

 Italo Treno
義大利高速私鐵官方程式，境外可下載。

火車

義大利火車主要為義鐵Trenitalia及私鐵Italo，車票價格在歐洲並不算太高，提早1.5個月購買，可買到早鳥優惠票，不一定要買火車通行票。

http www.trenitalia.it、www.italotreno.it

火車種類

義大利的火車分為：高鐵Freccia Rossa及同等級的私鐵Italo、歐洲之星（ES）快速火車、InterCity（IC）二等快速火車、地區性火車（R）。

高鐵Freccia Rossa、Italo私鐵

最不會誤點的火車，另一家同等級的私鐵是Italo，若提早預訂，可以買到超優惠票，例如米蘭到佛羅倫斯只要€19，多加幾歐就可升等頭等車廂，享用免費茶點、咖啡。從米蘭到羅馬搭特快車僅需3小時。

持火車通行證（Rail Pass）者，若要搭乘高鐵，得先預訂座位（預訂費€10）。

IC二等快速火車

同樣是快速火車，不過停靠站較多，因此比高鐵還要慢，誤點機率也較高，尤其是假日。持火車通行證者，不需另加費用，即可搭乘。

地區性火車(R)

這是停靠各小站的慢車，如果有時間，想慢慢瀏覽地區風光，可搭乘這種便宜的慢車。

夜車

大部分是長程（如：羅馬到西西里島）或國際火車，持有火車通行證者，可額外付費預訂臥鋪（Cuccetta），一般座位則視該國的火車規定。

火車種類的速度比較表

起訖點	火車種類	花費時間
羅馬→佛羅倫斯	Freccia Rossa	1小時40分鐘
	IC二等快速火車	2小時40分鐘
	地區性火車	3小時40分鐘

▲ Intercity新車廂的硬體設施升級不少，舒適度不輸高鐵

▲ 地區性火車

▲ 行李可放在座位上面，或兩個椅背中間

▲ 包廂式座椅。空位沒人坐，可將椅背往下拉

▲ Freccia Rossa快速火車

▲ Italo高鐵座位

▲ 快速火車內的用餐車廂

▲ 持火車通行券預訂座位時，需選按Global Pass

義大利境內各類火車介紹

火車種類	高鐵 Freccia Rossa/Italo	第二等快速火車 Intercity(IC)/ EuroCity(EC)	地區性火車 Treno Regionale(R) Diritto(D)	國際夜車 Treno Notturno/ Euro Notte
內部介紹	●頭等車廂提供免費飲料、點心 ●持火車通行證者，需在櫃檯或自動購票機加價預訂座位，才可以搭乘	●沒有預約者可看車廂外是否貼有預約標示，可坐在沒人預訂的位置 ●持火車通行證者，搭乘此種列車不需另外加價	●不需預訂 ●上下班時間通常較為擁擠	●最好先預約 ●長途旅行者建議預約床舖(cuccetta)，(一個車廂約2～6床)，較能舒服休息 ●如未預訂床舖，則是坐在一般車廂的座位過夜
火車服務	●餐車服務/用餐車廂 ●插座	●餐車服務/用餐車廂 ●充電插座	●無	●餐車服務 ●有枕頭、被單、毯子、礦泉水、早餐

義大利各大城市交通概況

義大利四城主要火車站	羅馬 Roma Termini	佛羅倫斯 Firenze Stazione Centrale F.S. Santa Maria Novella	威尼斯 Venezia Stazione Santa Lucia (Ferrovia)	米蘭 Milano Centrale
與市中心的距離	●步行到西班牙廣場，約30分鐘 ●搭地鐵Linea A，約5分鐘	●步行到主教堂，約10分鐘	●搭水上巴士1或82號，約35～60分鐘，步行約40分鐘	●搭地鐵到主教堂，約10分鐘
與各主要城市的距離(搭火車)	●佛羅倫斯：約1小時30分鐘 ●拿坡里：約1～2小時	●威尼斯：約3小時 ●米蘭：1小時40分鐘起 ●波隆納：約30分鐘 ●比薩：約1小時	●米蘭：約2小時35分鐘 ●維諾那：約1小時10分鐘	●羅馬：約3小時～6小時30分鐘 ●維諾那：約1小時30分鐘
車站內服務	●旅遊服務中心 ●匯兌/提款機 ●寄放行李 ●租車處 ●購物商店/超市(B1) ●Mercato Centrale美食街 ●電訊公司服務櫃檯	●旅遊服務中心 ●藥局 ●匯兌/提款機 ●書店、咖啡館 ●報攤售有前往比薩機場的巴士票 ●地下購物街	●旅遊服務中心 ●藥局 ●匯兌/提款機 ●自助餐廳 ●Grom冰淇淋 ●超市	●藥局 ●購物街 ●超市(好逛) ●匯兌/提款機 ●餐廳 ●販售前往Malpensa機場的巴士車票

火車票種類

義大利火車，一般分為一等車廂、二等車廂及臥鋪。一等車廂的價位，約是二等車廂的2倍；高鐵(Freccia Rossa及Italo)的車資比一般火車貴，但提早預訂或購買非尖峰時間的班次也可買到優惠票，義大利火車網站常有特惠票。

購買火車通行證(Rail Pass)

搭火車旅行，可購買火車通行證較有彈性。火車通行證分為：義大利單國通行證(Eurorail Italy Pass)和歐洲通行證(Eurorail Pass)，適用於IC火車、EC火車及德國的ICE火車。然而義鐵不算太貴，較不推薦購買義大利單國通行證。

義大利單國火車通行證

義大利單國通行證(Eurorail Italy Pass)，分為3～8天、頭等或二等、青年、2～5人同行票。價位約從€153～271不等，4～12歲享有半價兒童票優惠；12～25歲可購買青年票。

歐洲火車通行證

這是可通用於28國的歐洲鐵路通行證(Eurorail Pass)，又可分為3種票：

■ **連續性火車通行證**：在通行證的有效天數內，可連續在28個歐洲國家旅行。例如，購買15天有效票，從開始日期起算的15天內，可連續在28個國家搭火車旅行。

■ **彈性火車通行證**：在某段時間內，可以任選幾天搭火車旅行。例如，購買10天內5天有效票，從使用的第一天起算，10天任選5天，可在28個歐洲國家旅行。

■ **多國聯營火車通行證**：可選擇要買幾個國家的聯票，並在2個月內任選幾天旅行。例如，購買3國5天聯票，則可在2個月內，在你所選擇的3個國家內，任選5天搭乘火車。

歐洲火車通行券台灣總代理
飛達旅遊：www.gobytrain.com.tw

歐洲火車通行證官方APP
Rail Planner：www.eurail.com/plan-your-trip/rail-planner-app

貼心 小提醒

火車站行李寄放

現在各主要火車站均設有統一規格的行李寄放處。寄放行李的程序，有點像機場託運行李：**1**.先抽號碼牌，寄放行李按「Left Luggage」；**2**.提供護照；**3**.將行李放在輸送帶，過X光掃描；**4**.服務人員會給一張領取單；**5**.領取時點選「Luggage Claim」並出示領取單。

💲 每件行李5小時€6，6～12小時每增加1小時多加€1，13小時以上，每小時多付€0.50

🕐 06:00～23:00

威尼斯便宜行李寄放處

威尼斯火車站外，公船站對面的明信片店提供較便宜的行李寄放服務，小行李箱為€5，大行李箱€8，可寄放時間為09:00～19:00，商店關門就無法拿行李囉。

羅馬行李寄放處 (Radical Storage)

一天€5，可下載APP查詢市區各寄放處與線上預約、自助寄放。

▲ 羅馬Termini火車站人滿為患，若想避開人潮，可善用羅馬次要火車站Roma Tiburtina，設施完善，對於攜帶大行李者友善許多，到各城市的高速火車也會停靠此站，並可由此搭火車到機場

購買火車票

有3種購買火車票的方式：傳統人工售票窗口、自動購票機、網路購票，長程火車建議先上網預購，可買到優惠票，電子車票可存在手機裡，車掌檢查時，出示手機檔案即可。

若要查詢火車時刻，可在火車站內查看張貼的時刻表，或下載義大利火車時刻查詢的APP（P.62）。也可直接利用車站的自動購票機查詢（詳細購票方式請見P.68「自動售票機購買火車票」）；或利用網路，連上義大利火車網站www.trenitalia.it、www.italotreno.it（可下載APP），查詢火車時刻及購票。

火車抵達時刻表
（Arrivi，白底）

火車出發時刻表
（Partenze，黃底）

行家祕技　火車票便宜買

- **搜尋優惠方案**：規畫好旅遊行程後，上義大利國鐵或Italo私鐵官網，點選Offers網頁，查詢優惠方案。
- **搜尋優惠票**：直接輸入地點及時間，就會顯示各個時間的票價，同一天的票價可能從€19～58不等。

行程若能在出發前1.5個月確定，即可先上網買到早鳥票。推薦直上頭等艙，票價相差不多，座位較舒適，且提供免費飲料、點心、無線網路。

搭火車的禮儀與須知

- **艙等**：一般火車都有頭等車廂（Prima Classe）及二等車廂（Seconda Classe）。差別在於位置空間大小及設備、服務。
- **私鐵**：並不是所有火車都是FS義大利國鐵公司經營的，北義部分地區及東南部的Puglia地區另有私鐵。這種火車不適用火車Pass，須另外購票。
- **先下後上**：禮讓車上的旅客下車後再上車。
- **切勿逃票**：一般火車都會有查票員，要事先買票，若上車補票的話，價錢較為昂貴。上車前務必在機器打票，否則視為逃票；電子車票則不需打票。
- **請先詢問位置是否有人坐**：義大利人習慣坐下來之前，先問旁邊的人Occupato?(有人坐嗎？)
- **行李**：行李可放在座位上方的行李架、兩張背對的椅子之間的空隙，或門邊的行李架（重要行李最好不要放這裡）。訂位時也可告知要坐在最後一排靠近門邊行李架的座位，機器購票及網路購票均可選位。
- **殘障人士優先使用**：有些座位是專為身障人士所設計，請禮讓有需要的人優先使用。
- **廁所**：火車停靠時不要上廁所。火車上的廁所都有提供衛生紙，一般來講還算乾淨，但也常會遇到沖水系統壞掉的情況。

交通篇

人工售票窗口購買火車票

購票時，請直接告知目的地及火車時刻。注意事項：

■ Italo私鐵有自己的購票網站、自動購票機及快速購票服務櫃檯。

■ 月台前設有Freccia Rossa的服務台，有問題可直接找他們，排隊隊伍通常較短。

不會說義大利文者，可事先寫好紙條，拿給窗口服務人員看。大火車站幾乎每天都是人潮洶湧，若要購票，建議到較小的車站時，可把握機會購買。無論在哪個車站，都可購買跨國及義大利全國任何地點的車票，只要告知出發火車站及目的地即可。

在義大利有手機號碼者，也可善用網路購票，只要選擇將訂位代號簡訊傳送到手機，上火車時將簡訊給查票人員看即可，完全不須浪費時間在車站買票或取票上。

▲ 到人工售票窗口買票，通常要排隊排比較久，最好提早到火車站購票，或善用線上購票

購票小紙條

_____(張數)biglietto(i) per_____(地點), per favore. (麻煩___張到____的票)

Adulti(成人) _____, Ragazzi (兒童)_____

Classe(車廂等級): □ 1a (頭等)　□ 2a (二等)

□ Solo Andata (單程)

□ Andata e Ritorno (來回)

Andata(去程) Orario(時間)：

Ritorno(回程) Orario(時間)：

學會看懂火車票

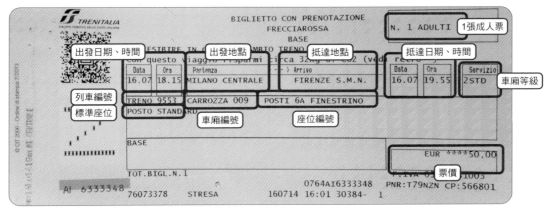

出發日期、時間／出發地點／抵達地點／抵達日期、時間／1張成人票／車廂等級／列車編號／標準座位／車廂編號／座位編號／票價

相關單字

Biglietto / 票	Arriva / 到達	Finestra / 靠窗	Seconda Classe / 二等車廂
Data / 日期	Treno / 火車	Corridoio / 靠走道	Cucceta / 臥鋪
Ore / 時間	Carrozza / 車廂	Classe / 車等	Alto / 上舖；Basso / 下舖
Partenza / 出發	Posti / 座位號	Prima Classe / 頭等車廂	Cabina Donna / 女性車廂

自動售票機購買火車票 Step by Step

如果人工售票窗口隊伍很長，趕時間者，可善用自動售票機（Biglietto Veloce）買票（也可查詢火車時刻、票價）；事先網路購票者，也可在火車站內的售票機列印火車票。

自動售票機購票處標示

全國性購票機

並非所有購票機均接受信用卡，購票須先看清楚，有任何問題可詢問穿背心的服務人員，不要理會任何主動接近的人，有可能是等著要拿機器找的零錢。

地區性及Italo購票機

這類機器排隊人數較少，欲購買周區短程票者可善加利用，一般只接受現金付款。私鐵 Italo的購票機，無法購買Italo以外的火車車票。

Step 1 ## 選擇語言

提供義、英、德、法、西文介面。

請選擇英語

Step 2 ## 選擇購票

購買火車票，或要查詢火車時刻，請選擇「Ticket Issue」（票務）。

購票點選這裡：SERVICES

Step 3 ## 選擇起訖站

Departure：出發車站 / Modify Departure：更改出發車站/Arrival：目的地，螢幕上已列出各大站，可直接點選/Other Stations：自行輸入站名/Exit：離開/Back：回上一頁

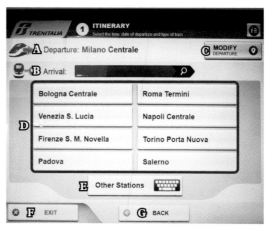

▲ A.出發地站名 / B.目的地站名 / C.選擇其他目的地 / D.選擇目的地站名 / E.自行輸入站名 / F.離開 / G.回上一頁

Step 4 選擇車班

選擇螢幕上的車班，點選購物車標示繼續下一個步驟。Modify Date and time（更改日期及時間）：若欲購買其他日期的車票，點選這個選項。

▲A.出發一抵達時間 / B.車程 / C.車種 / D.頭等商務艙 / E.二等標準票 / F.購物車：點選後會跳到下一個步驟 / G.所有當日車班 / H.較晚車次 / I.更改日期及時間

Step 6 選擇座位

確認螢幕上的出發及抵達車站、日期與時間、票種，若想選座位者按「Choose Seating」，否則直接按「Forward」（下一步）。

▲A.路線 / B.車種及班次 / C.票種 / D.選擇座位 / E.下一步

Step 5 選擇票種及確認車次

可依據自己想購買的車等選擇，接著選擇人數「Adult」（成人）及「Children」（兒童），選定後確定金額，按「Forward」下一步。

▲A.選擇購票方式 / B.一般購票 / C.特別票 / D.持火車通行證者請按這個選項 / E.選擇票等 / F.特等票 / G.商務艙 / H.二等特等票 / I.二等標準票 / J.持Freccia特快車會員卡者 / K.成人票數 / L.兒童票數 / M.總額

Step 7 付費

確認資料無誤後，點選「Purchase」（購買）。若不需要印出票，可選擇「Ticktless」（電子票），但須有當地手機電話號碼。須買回程票者，可選「Also Buy Return」。

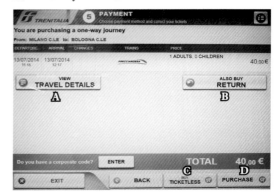

▲A.檢視詳細資訊 / B.購買回程票 / C.電子票 / D.購買

Step ❽ 選付款方式

現金付款按「Cash」，信用卡按「Cards」。

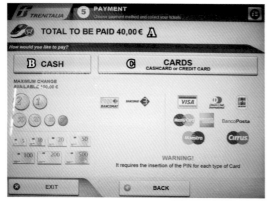

▲A.應付總額 / B.現金付款 / C.信用卡付款

Step ❾ 現金付款

將鈔票及錢幣分別投入螢幕所顯示的位置。投入足夠的金額後便會列印出車票及找零，完成購票程序。

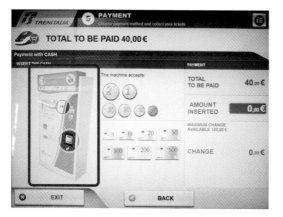

網路購買火車票 Step by Step

想在台灣先用網路買好火車票，可至義大利火車網站www.trenitalia.it，或下載Italo APP訂票。

Step ❶ 進入首頁、選擇語言

Step ❷ 選擇目的地、日期、時間、人數、搜尋

每個城市都有多個車站，可選擇特定車站或選Tutte le Stazione所有車站，站名須輸入義大利名稱，如羅馬要輸入Roma，而不是Rome。

▲A.One way：單程票 / B.Return：來回票 / C.From：出發地點 / D.To：目的地 / E.出發日期及時間 / F.Adult：成人人數 / G.Childern：兒童人數 / H.Search：搜尋

交通篇

Step3 選擇班次

滑鼠點在想購買的車次就會出現 Choose，點選進入下一步(非尖峰時間的票價通常便宜許多)。

▲ A.Departure：出發車站 / B.Arrival：抵達車站 / C.Duration：車程 / D.Train：車種 / E.Price：票價

Step4 選擇票種

點進去後便會出現各種艙等的票種：一般票為Base，特惠票是Super Economy，點選「i」都可看到票種限制。

▲ A.按價錢下方＋：頁面會展開，即可選擇車廂等級，Standard是標準車廂，另有商務車廂等 / B.選擇座位 / C.不想選位直接按Continue進行下一步

Step5 填寫個人資料、選擇付款方式

▲ A.Authentication認證：若已加入網站會員可輸入使用者名稱及密碼登入，否則選擇「Go on without log in」，不需登入繼續購票程序 / B.Passengers乘客資料：填寫First name名、Last name姓、Email電子郵件、Phone聯絡電話 / C.Payment：付款方式，外國遊客選信用卡付費 / D.Accept：勾選同意，接著按「Continue」繼續

Step6 填寫付款資料

▲ A.持卡人名 / B.持卡人姓 / C.信用卡號碼 / D.過期日 / E.卡片背後安全碼 / F.Continue付款：完成付款，系統便會將電子票寄到電子信箱。在火車上驗票時，只要出示存在手機或電子裝置的電子車票即可。

學會搭火車

Step 1 查看火車資訊

　　買好火車票後，先看站內看板，依火車班次，查詢火車到站月台。看板分為出發Partenza / Departure及抵達Arrivi / Arrival兩種，記得看對看板。

▲看板資訊：A.Partenze：出發班次，查看搭乘班次的月台要看這邊 / B.Treno：車種及班次 / C.Desinazione：目的地 / D.Orario：發車時間 / E.Ritardo：延遲時間 / F.Informazioni：其他資訊 / G.Binario：月台

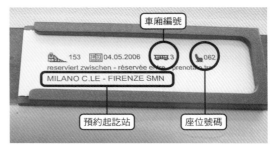

▲上車前要先看月台上的標示，確認班次、時間及目的地

Step 2 打印車票日期

　　需先出示車票給安檢人員查看才能進入月台，各月台前可找到打票機，將車票插入機器，打印搭乘時間。**請注意**一定要記得打票，否則會被罰錢。如果真的忘記，可試著跟查票員求情，「或許」好心的查票員會直接在票上幫你寫上日期，不用罰款。

Step 3 找座位

　　火車到站後先查看車廂號碼，上車後對號入座。無預約座位者，可看每個車廂或座位上的標示，找沒有人預約的座位坐，標有「Prenotato」者，表示該座位已有人預約。如果真的找不到座位，可以坐在走廊的小板凳。

　　請注意 搭乘歐洲之星等級以上的快速火車，絕不可站在火車上，一定要先預訂座位。

車廂編號

預約起訖站　　座位號碼

Step 4 車掌查票

　　火車上，會有車掌查票，只要出示車票即可。請記得，一定得購買正確的車等、目的地，否則在車上補票，票價相當高。

▲ InterCity火車已更新，座位上也設有插座

巴士

　　長途路程較建議搭乘火車，若是區域性旅行，則可搭長途巴士。例如在托斯卡尼或溫布里亞各城市間旅行。由於火車站大部分在古城區外，搭巴士可以直接抵達古城區，較為方便。

　　到義大利小鎮，巴士會是比較方便的交通工具，而且票價也較便宜。短程票，可直接到車站購買，不需事先預約，不過小城市的巴士通常20:00以後就停駛了。 **請注意** 建議事先詢問小城市返回大城市的末班車時間。

　　羅馬、托斯卡尼、北部山區的主要巴士營運公司為Lazzi、SITA；羅馬到西西里的主要巴士營運公司為SAIS、Segesta及Interbus，長程巴士時有促銷活動，可參見巴士網站。

　　歐洲也有各國聯營的巴士，價錢相當便宜，不過長途旅行也較不舒服，再加上現在已有許多廉價航空。歐洲各國最常見的超值長途巴士為FlixBus，售票方式類似廉價航空。

🌐 歐洲各國聯營巴士：www.eurolines.com、www.busabout.com

🌐 阿瑪菲海岸巴士聯票Unico Costiera：www.sitabus.it/unico-costiera-sita

🌐 時刻表：www.theamalficoast.net/orari_sita_bus_timetables.html

🌐 FlixBus：global.flixbus.com

🌐 義大利長途巴士查詢：www.rome2rio.com

渡輪

　　義大利地形狹長，渡輪也是很理想的交通方式，既悠閒，長途路線又可在船上過夜，房間就好比三星級旅館，內有衛浴設備，比火車還要舒適。若是要到西西里島，建議可以從拿坡里搭渡輪過去，西部的Palermo及東部的Mesina港口都有船班。

❤ **貼心 小提醒**

遇到交通工具罷工怎麼辦

　　罷工(Sciopero)通常會在前一天公布在各大報紙上，公車站牌上也會張貼告示。如果是地區性交通工具罷工(市內公車、電車、地鐵)，一般城內的觀光巴士仍會運行(但票價較貴)。罷工時間大多會避開上下班時間，讓上班族下班時有車可搭(當然也有很多例外的時候)；如果是全國性大罷工，也並不是所有班車都停駛，有些不罷工的司機仍會上工，只是車班少很多，或者一直延遲、最後取消，若是這樣，只好延遲行程或提早一天離開，可向投宿飯店詢問相關資訊。

🌐 罷工查詢網站：www.commissionegaranziasciopero.it

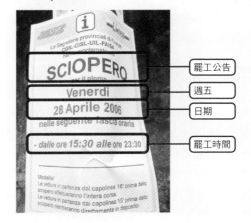

罷工公告
週五
日期
罷工時間

▲ 人車均可上的大船　　▲ 含衛浴的四人房

開車

義大利開車方向跟台灣一樣，路標也是國際通用(義大利交通號誌請參見網站en.wikipedia.org/wiki/Road_signs_in_Italy)、車子大部分都是手排車。義大利人飛車技術呱呱叫，人人都是賽車手，山路窄又彎，照樣能飛飛飛。上高速公路後，大家都會努力飆車，但還是要小心超速攝影機。須特別注意的是：古城區多為ZTL區，外車禁止進入。

租車公司網址

Avis：www.avis.com
Europcar：www.europcar.com
Hertz：www.hertz.com
Sixt：www.sixt.com
WebCarHire：www.webcarhire.com

＊資料時有異動，請以官方公布的最新資料為主

租車

在義大利租車的必備條件：租車人至少要21歲以上(有些公司甚至要求要23歲以上)、國內駕照正本、國際駕照、信用卡。

租車注意事項

■租車時，建議購買全險。
■歐洲大部分的車子爲手排車，自排車的價錢較貴，建議出發前先熟悉手排車，上坡起步沒把握者還是租自排車。
■建議租小車，義大利的市區道路較小，小車較方便停車(但須考慮是否放得下行李)。
■建議租Metano天然氣車，燃料費較省，拿車時要問清楚加哪一種油(油桶上也會標示)。
■大型租車公司通常可以在不同城市還車，機場及火車站內可找到租車櫃檯。
■取車時，務必與租車公司檢查車況(錄影)及油量後再簽名。

請注意 租車時務必看看各家租車公司的評價，盡量避免在羅馬租車還車，羅馬人比較愛遊客的錢。

高速公路

高速公路是Autostrada，以「A」爲代號，例如從北到拿坡里的主要高速公路爲A1，行經米蘭、波隆納及翡冷翠(這段山路較難開，要特別注意安全)、羅馬；A4爲北義東西向主要幹道，行經都靈、米蘭、威尼斯；A12從托斯卡尼沿岸(比薩)到熱那亞(Genova)，沿路風景蠻漂亮的。

高速公路上可找到加油站及休息站，但休息站的價格比一般商店還要貴一點，長途旅行可以自備糧食。高速公路速限130Km/hr，網站www.autostrade.it，提供線上路線規畫、氣候、路況等資訊。

交通篇

托斯卡尼的美麗幹道

SP 146 最經典

西耶納到南部的Val d 'Orcia谷區，稱為Le Crete Senese，土地的顏色非常特別。這區最美的幾個小鎮：San Quirico d'Orcia、Bagni Vignoni溫泉鄉、Pienza、Monticchiello、Montepulciano、Montacino。算是托斯卡尼最美麗的一條路線，沿路也都可看到絲柏之路！

其中，最推薦早上由San Quirico d'Orcia鎮走Str. di Ripa D'Orcia接Str. di Bagno Vignoni，再接SR2往Farmhouse Poggio Covili。晨光照在托斯卡尼這片土地上實在太不真實了，Poggio Covili前的絲柏路更是經典中的經典。若由San Quirico d' Orcia鎮往Pienza走，則相當推薦停Croce di Prata欣賞絲柏樹中間的十字架，及附近的Chapel Vitaleta禮拜堂。許多歐洲遊客會每天走不同的路線，從一個小鎮走到另一個小鎮，深入欣賞托斯卡尼的美。

SS 222

奇揚地Chianti區，從Greve到Castellina，經典的托斯卡尼美景。

Chiantigiana

從佛羅倫斯到西耶納(Florence to Siena)。若是向日葵的季節，由Siena山路切往海邊的Maremma，沿路也很漂亮。6月還可看到金波擺蕩的麥田景色！

Saturnia

是個泉水質地很棒的層疊天然野外溫泉池(免費)，景色相當特別。

收費站

上高速公路交流道後，要先在收費站的機器上按紅色按鈕拿票，出高速公路時會再遇到收費站，按照所開的里程數計費。部分收費站有人工收費道，有些則是機器及電子收費(Telepass)。請將票插入收費機器，螢幕上會自動顯示費用，投入錢幣(Monete)或紙鈔(Banconote，可找零或行動支付)，柵欄就會自動升起。

有些高速公路的支線是由不同公司建造，所以要出主要高速公路再轉到支線高速公路，最後要下交流道時，還會收一次錢，通常是固定費用。

請注意 吉普賽人進駐西西里島的某些交流道取票亭(如Catania往Messina的交流道)，假裝是工作人員收取高額費用。上交流道都是自助取票，下交流道才需要付費。

上高速公路後，會先通▶ 過收費亭，按紅色鈕取票，下交流道再付費

藍色Carte：使用當地銀行卡，遊客不適用

黃色Telepass：電子收費，接受Apple pay等主要行動支付

Solo monete self service：自行投幣收費，前面告示牌標有費用

手拿錢幣標示：人工收費站，不熟悉的遊客可使用這個車道

▲ 高速公路收費站，手表或手機電子支付最便利

路上 觀察 *Car2Go共用環保小車*

義大利古城市中心多禁止外車進入，但若租用Car2Go這種小型共用車(2人座)，便可不受限制自由通行。

這是新型的租車方式，以分鐘計費，古城區可找到這樣的車子，城內有他們的專屬停車格，停在任何專屬停車格便可還車。

租車只要上網加入會員，利用自己的手機或會員卡就可以打開車門，車內有觸控板，輸入密碼即可操控車(www.car2go.com)。

加油站

市區可找到一般加油站，天然氣加油站則基於安全考量，一定是在郊區。週日城內外的加油站都沒有服務人員，需自助加油，只有高速公路的加油站才有服務人員。

自助加油步驟教學

有些加油站如下所列步驟，先付錢再加油，有些則是加油後，再到櫃檯付錢。

Step 1 先在這個機器上付錢

Step 2 選擇油種

選擇要加哪一種油後，選擇油槍號碼。

Step 3 選擇金額

放入你想加的金額，譬如：10或20歐元

Step 4 拿取該號碼的油槍加油

貼心 小提醒

佛羅倫斯從哪裡取車、還車較好？

若是搭機到佛羅倫斯機場，可由機場租車，直接上附近的交流道，不用進市區。

如果原本住古城區，可由Borgo Ognissanti街區租車，幾乎所有租車公司都在此設有據點。這區在火車站附近的古城邊，由此可避開古城禁區。

最靠近市區且較便宜的停車場為中央市場(Mercato Centrale)樓下的停車場。

交通篇

停車

全義大利現在已統一停車格顏色：白線停車格免費，藍線停車格要收費，黃線是當地居民或殘障停車格。在停車格附近設有自動付款機，可先查看收費時間（大部分小鎮中午不收費）先選自己要停多久，付完錢之後，將票放在車內的窗邊。

▲ 最靠近威尼斯古城的停車場，可由此搭船進古城

路上觀察 在義大利開車難不難？

市中心較為複雜，路較小，多為單行道，還有許多禁止通行的區段，不建議在城區開車。不過郊區，像是托斯卡尼、溫布里亞、北義及高速公路都很好開，車子不多。雖然山路及海岸線路通常也是又彎又窄，但路況都算很好。

行家祕技 如何使用停車收費機

市中心外圍的停車費通常比市區內便宜很多，市區開車也較不方便，建議將車子停在市中心外圍，搭大眾運輸工具或步行進入市區。

以佛羅倫斯為例，車子可停在火車站或中央市場地下停車場，步行進古城（第一小時較便宜，一小時後較貴）。威尼斯則要停在Tronchetto停車場：過長長的大橋後往右轉，直走就會看到指標，由此搭公船進古城。

費用：1小時€4、2小時€9、3小時€16、24小時€25。

▲ 自動停車收費器指標

▲ 自行按要停幾個小時，依照螢幕顯示金額付費，取出停車券，放在車內查票員看得到的地方

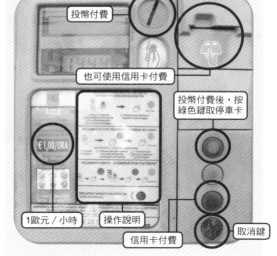

投幣付費 / 也可使用信用卡付費 / 投幣付費後，按綠色鍵取停車卡 / 1歐元 / 小時 / 操作說明 / 信用卡付費 / 取消鍵

注意事項

老城區禁入

大部分老城區為了保護古蹟，都禁止進入。只要看到紅圈白底的ZTL禁止進入標示，就不要進去，誤入開罰。老城區外圍通常會有停車場，停車費約1小時€1～3不等。

單行道

義大利市區許多道路都是單行道或禁止進入，因此在市區開車要耐心繞路。

公路號誌

義大利公路上的路標，一根柱子通常有10幾個路標，要先練好速讀！

高速公路

速限130公里，超車之後就回到慢車道或中間車道，快車道是用來超車的。公路上的測速照相都會先出現警告標示，有些路段採區間測速。

南義開車

對於義大利南部的傳說相當多，所以大家總是戒慎恐懼。其實如果你在台灣會開車，在南義開車也就沒那麼困難（西西里島大城市除外）。只要記得晚上將車停在有收費的停車場或旅館的停車場，一般就不會有什麼問題。另外，阿瑪菲海岸線的公路又窄又彎，若要開這段，要先衡量一下自己開手排車的技術。

北義開車

車況及路況較好，秋冬常起霧，務必開車燈。

測速照相

會先有「Controllo elettronico della velocità」的標示，接著就會看到警帽的藍底標示Autovelox，下面方方的鐵盒就是測速照相機。

▲ 除了路邊測速照相機外，高速公路上還有這種高架的測速照相機，若標示為「Controllo della velocità con sistema tutor」，指的是兩點之間的平均速率區間測速

Metano加氣車

義大利加氣車有兩種，Metano這種是最划算的，另一種GPL可跑的里程數較少，不過加油站較多。例如：佛羅倫斯—米蘭天然氣燃料費約€25，高速公路收費約€30，若是多人共乘就很划算。不過現在租車公司的加氣車還是比較少，租的時候也要記得跟租車行拿Metano加氣站地圖。高速公路上的加油站，只有少部分有Metano加氣站，只要遇到，就把握機會加滿氣。

交通篇

義大利連外運輸系統

義大利與其他國家的陸空連結度非常高，將旅行延伸至其他國家，很容易！

難得來歐洲旅行，除了義大利，或許你也規畫了跨國行程。義大利與其他國家的陸空連結度非常高，有便宜的低價航空機票、跨國快速火車、跨國夜車、跨國聯營巴士等著你，值得旅人好好規畫暢遊歐洲的大計畫。

飛機：低價航空

義大利除了羅馬和米蘭的國際機場外，許多中型城市也設有小型國際機場提供歐洲航線起降，如：Bologna、Verona，這些機場通常提供低價航空公司起降，像是EasyJet或Ryanair之類的航空。

巴士：長途巴士、巴士旅行團

許多在歐洲自助旅行的人，為了省錢，會選擇搭乘長途巴士，因為票價相當便宜。此外，也有許多人會參加歐洲10國或12國的巴士旅行團，費用雖然便宜，但行程通常都很緊湊。

火車：歐洲之星、夜車

義大利境內的跨國火車有兩種：歐洲之星和一般夜車（EN）。歐洲之星最快時速達300公里；一般夜車則較便宜，也可節省一個晚上的住宿費用。建議訂臥鋪，持通行證者須多付臥鋪費（不會太貴）。義大利火車官網有時會推出超優惠跨國車票，如米蘭到巴黎這段，出發前可先到官網查詢是否有相關優惠。

國際火車過邊境時，海關會上車查票，記得備妥護照（或居留證）、火車票以供查驗。若搭乘國際夜車臥鋪，車掌會先收取護照及火車票，以便查驗。

若要購買國際火車車票，主要城市的火車站大多有國際與國內購票窗口；小地方的火車站，在一般窗口購票即可。

實用網路資訊

歐洲便宜機票網站
- http www.easyjet.com
- http www.ryanair.com
- http www.whichbudget.com
  （會列出各航線的所有廉價班機，再一一比價）

Google Flights
可搜尋各點的航班、時間與價錢

歐洲跨國火車資訊
- http www.eurail.com
- http www.raileurope.co.uk

歐洲各國聯營巴士
- http www.eurolines.com
- http www.busabout.com

城市大眾運輸系統

羅馬和米蘭是義大利境內的大都會,大眾交通工具最多、最完善。

義大利的大眾運輸系統,殘障設施非常完善。公車均可降下斜梯方便輪椅上下;車內也有可停放輪椅或嬰兒車的空間;前半部座位則是保留給老弱婦孺。

羅馬、米蘭

羅馬和米蘭的大眾運輸網路完善,這2個城市都有地鐵、電車及公車。義大利人無法承受太複雜的東西,所以搭乘方式相當簡單,只要購買一張市區車票,就可在有效時間內搭乘任何一種大眾運輸工具(通常是75或90分鐘,可看車票背後說明,但只能進出地鐵一次)。

▲ 羅馬火車站到梵蒂岡城的64號公車,遊客多,常有失竊事件,須特別小心

各大城市交通圖QR Code

羅馬交通路線圖

米蘭地鐵圖

威尼斯交通路線圖

威尼斯輕軌路線圖

＊資料時有異動,請以官方公布的最新資料為主

行家祕技　哪裡買票最方便?

可在購票機、Tabacchi、Bar或報攤購買交通票券。各城市通常會發行1～3日不等的交通通行券。

貼心 小提醒

一張車票可搭市區所有交通工具:各城市的交通雖然是由不同公司經營,但票制通常都是同一張票可在時限內搭乘各種公共交通工具,但地鐵僅限進出一次。

車票有效時間:有些城市一日票券的時效只到當天的午夜12點,有些則是從第一次打票的時間算起,24小時內有效。

交通篇

威尼斯

威尼斯，是一座以橋梁連結而成的群島城市，所以只能以「船隻」當做大眾運輸工具。威尼斯的水上交通工具有3種：威尼斯公船、水上計程車、貢多拉。威尼斯公船是市民的交通工具，公船的停靠站多，行駛速度較為緩慢；若真的趕時間，只好花錢搭乘昂貴的水上計程車(快艇)。

至於貢多拉，則是最適合觀光客遊賞威尼斯風光的交通工具，城內有好幾處搭乘站，最美麗的路線是S. Mose橋周區(高岸橋附近較不推薦)(詳細資訊請參見P.89)。

威尼斯市區內沒有公車行駛，所有公車路線，都是從靠近火車站的Piazzale Roma(羅馬廣場)啓程，銜接威尼斯城外的區域，像是Mestre區域及機場。

現在威尼斯也開通了兩條輕軌線T1及T2，連接羅馬廣場及Mestre衛星城市周區。

▲ 威尼斯公船裡，設有放置大型行李的區域

▲ 威尼斯水上計程車

▲ 威尼斯主要交通工具：Vaporetto公船

佛羅倫斯

佛羅倫斯，雖然也是義大利相當重要的城市，但它的規模只能算是中型城鎮，再加上市區古蹟相當多，不方便興建新的大眾運輸系統，因此市內只有「Mini Bus」，直到2010年才開始通行新電車。從2009年開始全面禁止任何車輛進出古城區，若要進古城可搭公車到聖馬可廣場或從S.M.N.火車站步行進去。

▲ 穿梭在佛羅倫斯古城區的小巴

▲ 佛羅倫斯新通行的電車，機場線電車已開始通行

實用交通官網資訊

羅馬交通官網：www.atac.roma.it
米蘭交通官網 ：www.atm-mi.it
拿坡里交通官網：www.anm.it
佛羅倫斯交通官網：www.at-bus.it
威尼斯交通官網：www.actv.it

▲ 往返卡布里島的渡輪

▲ 拿坡里纜車

＊資料時有異動，請以官方公布的最新資料為主

搭乘大眾交通工具

義大利市區的大眾運輸系統，都是聯營的(公車、電車或地鐵)，所以一張票可以搭乘市區所有大眾交通工具。

公車站附近的報攤、賣菸酒的酒吧Tabacchi，只要標有該城市的大眾運輸縮寫即可購買車票

義大利四大城市大眾交通工具搭乘資訊

各大城市交通工具	羅馬 地鐵、電車、公車	米蘭 地鐵、電車、公車	佛羅倫斯 巴士、小巴士、電車	威尼斯 公船、巴士、輕軌
票價	● 單程票€1.50(100分鐘有效票)	● 單程票€2.20(90分鐘有效票) ● 到Rho Fiera展場，單程票€2.6	● 單程票€1.70(車上購票€2.50)(90分鐘有效票)	● 公船單程票€9.50(75分鐘有效票) ● 往返郊區及機場巴士€1.50
特惠票	◎ 24小時票€7 ◎ 48小時票€12.50 ◎ 72小時票€18 ◎ 月票€35 **注意**：目前電車及公車上也設有無線網路符號的機器，只要使用信用卡或行動支付即可在車上購票(tap & go)，每次上、下車都要刷一下，如果還在有效時間內就不會再扣款	◎ 1日票€7.60 ◎ 3日票€15.50 ◎ 10次票€19.50 ◎ 夜間票€3(20:00以後) **注意**：可下載APP購票、查詢路線：ATM Milano Official	**注意**：佛羅倫斯自動購票機很少，大部分售票處晚上關門。可上車向司機購票，但較貴，建議白天購票時，多買幾張以備不時之需，或可下載Tabnet APP線上購票	◎ 24小時票€25 ◎ 48小時票€35 ◎ 72小時票€45 ◎ 7日票€65 ◎ ROLLING VENICE 3日青年票€27(6～29歲可買) **注意**：現可透過AVM Venezia Official APP線上購票
市區巴士 (僅列出最適合觀光的班次)	**64號公車：** 由Termini火車站開往聖彼得大教堂，沿途行經各大景點，為觀光客常搭乘的班次，務必小心扒手	● 3號地鐵線：連結中央火車站、大教堂、精品街(Monte Napoleone) ● MilanoCard可免費搭乘市區交通及參觀2座博物館，另可購買20家博物館優惠門票	● 步行，其實是最適合的觀光方式 ● 7號公車：前往Fiesole ● 12、13號公車：由火車站開往米開朗基羅廣場 ● T2電車：往返市區與機場 ● 現改為Autolinee Toscane公司營運佛羅倫斯與整個托斯卡尼地區的公共運輸，同一張票可用於各主要城市(如比薩、錫耶納等)	● 1號及2號公船：停靠羅馬廣場、火車站、高岸橋、聖馬可廣場等著名景點 ● 3及4.2號：可由火車站及羅馬廣場到Murano玻璃島 ● 12號：可由Murano搭到Burano彩虹島 ● N號夜間公船：夜間行駛的航班，幾乎24小時均有公船行駛
觀光巴士及票價	éRoma儲值卡，類似悠遊卡，票種包括24、48、72小時，票價同上。可在ATAC官網上購買，加值則在地鐵站或巴士站的票務櫃檯辦理	● 觀光巴士：€25 ● 還可搭上典雅的老電車，穿梭在米蘭夜街間享用義大利套餐。午餐€65、晚餐€90(線上預訂：atmosfera.atm.it)	● SightSeeing觀光巴士(24時有效票)：€20 ◎ 48小時票€25 ◎ 72小時票€30	觀光客最喜歡乘坐華麗的Gondola觀光，1艘船20～30分鐘€80，最多可坐6人(詳情請見P.89「學會搭乘貢多拉」)

*資料時有異動，請以官方公布的最新資料為主

交通篇

學會買車票

Step 1 選擇語言、票種

英文請按英國國旗。車票有3種：標準票、1日票、1週票；票價依各城市而有不同（詳情請見前頁「大眾交通工具搭乘資訊」）。

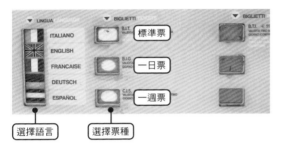

選擇語言　　選擇票種

Step 2 選擇購票張數

要購買多張，請按增加符號「+」，要取消請按「Annullamento」。

如要購買一張以上的票，請按這裡

Step 3 付款

請依顯示票價投入錢幣，機器會找零。

Step 4 取票、找零

機器最下方有個大大的取票口，是取車票及找零錢的地方。

購票機、車票解析

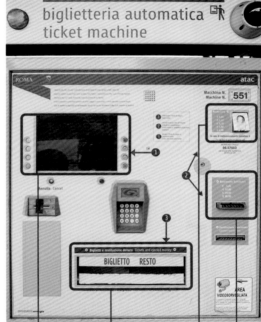

biglietteria automatica
ticket machine

操作螢幕顯示　找零處、取票口　硬幣投入口　紙鈔投入口

每個城市都有不同的交通票種，以米蘭為例：

▲A.Urbano市區標準票 / B.Abbonamento Bigiornaliero Urbano市區48小時有效票 / C.RHOFIERAMILANO Single Ticket米蘭 Rho展覽中心單程票

學會搭巴士

像佛羅倫斯這種市區較小的城鎮，古城區以小巴士為主要交通工具，現在也有電車連接郊區。而一般城市的市區巴士，路線較多，雖然上下班時間可能會塞車，但通常是最靠近目的地的交通工具；搭乘地鐵去某些景點，有時還要走一段路。搭巴士的方法很簡單，不用太擔心。

Step 1 先買車票

買票請見P.83。

Step 2 等候巴士

到達巴士站牌（Fermata）後，可先研究一下整支站牌告示的資訊。招手即可搭車。

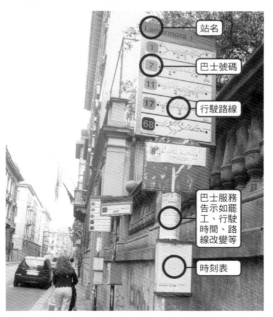

站名
巴士號碼
行駛路線
巴士服務告示如罷工、行駛時間、路線改變等
時刻表

Step 3 上車（下車）

從前、後車門（Entrata），門上標有藍色箭頭上車，從中間門（Uscita）下車；下車時，記得要按鈴。

上車　　　下車　　　下車前要按鈴

Step 4 車上打票

從上公車後，記得要在公車上的打票機打票。在有效時間內，可任意搭乘市區公車、電車或地鐵（例如：羅馬單程票有效時間為100分鐘，從打票時間算起，100分鐘內可搭乘任何公車、電車、地鐵。地鐵只能進出一次，進地鐵站一定要打票）。

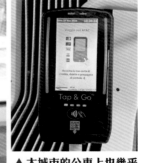

▲ 大城市的公車上也幾乎都有這樣的電子購票機器

交通篇

學會搭地鐵

　地鐵和電車,這兩種交通工具都有自己的車軌,所以是比較不會塞車的大眾交通工具。地鐵大部分都是在地面下,無法欣賞市區風景;電車則是在地面上。米蘭、佛羅倫斯、拿坡里、都靈及羅馬,都是有電車系統的大城市,其他中小型城市大都只有市區公車。

Step 1 找到地鐵站

　　尋找紅色M標誌,進入地鐵站。

Step 2 查看地鐵圖

　　查看地鐵圖,了解你要搭乘哪一線地鐵。

Step 3 打票

　　進入地鐵站前要先插入車票,打過的票在時效內,仍可搭乘其他公車或電車。

請注意 有時查票員會上車查票,記得要打票,被抓到的話,罰款為€50。佛羅倫斯的公車司機也有查票權,最好不要逃票。

Step 4 前往月台

　　打票後,依照搭乘地鐵線的指標,前往搭乘月台。

Step 5 確認搭車月台

　　前往月台前,先確認哪個方向的月台,才是你要等車的地方。有些地鐵線尾端還有分支,務必確定搭對車。

有些地鐵線尾端還有分支,務必確定搭對車

Step 6 下車出站

　　地鐵站內有路線圖,每一站的牆上也都標有站名。最好先記得目的地前一站的站名,人多時,可以先到門口準備下車。到站後,不需再打票即可依循Uscita的標示出地鐵站(現在有些大站需要再刷票才能出站)。出去後,可看牆上標示,找到離自己目的地最近的地鐵出口。

行家
祕技

如何轉乘另一線地鐵列車

Step 1
基本上同一個城市都是同一家大眾運輸公司經營，所以若要轉另一線的話，只要在站內轉線即可。若要轉搭公車則要出地鐵站，同一張票只要在有效時間內(60～90分鐘)，就可用來轉搭公車、電車或纜車。

Step 2
要轉搭另一線，出原搭乘車輛，依站內牆上標示到其他線。

Step 3
抵達另一線後，看牆上該地鐵行駛地圖，確定要搭乘哪個方向的列車，再到正確的月台候車。

▲火車站外面，通常有計程車候車處

▲威尼斯水上計程船

學會搭計程車

在義大利搭乘計程車請務必選擇白色的計程車，這種計程車是照錶計價，如此才不會被運將胡亂開價。

水都威尼斯的「水上計程車」，是一種因地制宜的交通工具。雖然可搭乘水上公船，但每站都停，行駛速度較慢，小型快艇式的水上計程車速度快很多；船主人通常都很細心照顧自己的船隻，因而水上計程車看起來總是閃閃亮亮的。

市區計程車搭乘方式

1. 到設立有Taxi的計程車站等候空車。
2. 候車處立牌下面均有當地計程車電話，可打電話預約，尤其是雨天、尖峰時間或者行李較多時。

▲要搭水上計程車，得在候「車」處搭乘才行

學會搭水上公船(威尼斯)

全義大利只有水都威尼斯才有水上公船這樣的大眾交通工具,除非自家有小艇,或擁有強健腳力可爬過一座又一座的橋梁,否則也只能搭乘水上公船(或水上計程車)。因此,公船上都是:從小就坐著公船到處蹓躂或上下學的小朋友;拿著推車到隔壁小島超市或菜市場買菜的阿公阿媽;又或是打著領帶、拿著公事包上下班的上班族。威尼斯人,可是十足的海上兒女呢!

▲ 威尼斯主要交通工具:Vaporetto公船

Step 1 找公船停泊處

順著「Al Vaporetto」指標,前往公船停泊處。乘船前請先購票,建議第一天可購買24小時票(也就是可乘坐到隔天),先到離島去,晚上搭公船遊大運河。

▲ 公船站通常分為兩個部分,一為連結陸地的平台,接著是水上候船處

Step 2 確認乘船資訊

依你要抵達的目的地站名,查看乘船航行方向,前往正確候船處。

航行方向　確認船號　停靠站名　反向航線

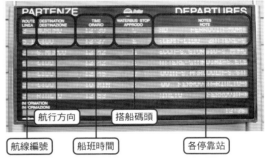

航行方向　搭船碼頭

航線編號　船班時間　各停靠站

Step 3 打印船票

進入候船處之前,記得先打票;若你是購買24小時票,只要在第一次乘船時打票即可。

Step 4 搭船

威尼斯水上公船,每一站都會停靠,所以不需按鈴,但要讓下船者先下,再上船。

購買威尼斯公船票步驟 Step by Step

現在威尼斯主要船站(如火車站前及聖馬可廣場站)也設有自動購票機。

鈔票找錢口　現金投入口

信用卡付款

找零處、取票口

 Step 1 選擇語言

購票請點選Buy Your Ticket。

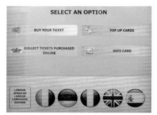

 Step 2 開始購票

購買公船票請選Waterborne service、一般巴士票請選Bus service、前往機場單程票請選Aerobus one way、機場來回票請選Aerobus return ticket。

Step 3 選擇票種

可選75分鐘有效票,或者1日、2日、3日、7日票。

Step 4 選擇票數及付款方式

現金請按Cash,信用卡請按Credit Card。

Step 5 選擇現金者

請投入螢幕顯示的可接受面額。

Step 6 取票及找零

學會搭乘貢多拉(威尼斯)

　　貢多拉(Gondola)可說是水都威尼斯的象徵，從精雕細琢的貢多拉船，就可以看出當年威尼斯商人雄霸一方的奢華生活。搭乘貢多拉，儼然已成爲遊客窺視威尼斯風華的最佳方式。

　　各區都可找到貢多拉搭乘處，最推薦在S.Mose橋附近搭，或者聖馬可廣場及嘆息橋後面，比較能看到迷人的小水巷風情。並不是很推薦高岸橋附近，大運河及週區水巷較不漂亮。通常一趟是30分鐘，價位約€80，最多可乘坐6位遊客，每延長20分鐘，多加€40；夜間遊船(19:00～08:00)40分鐘€100。

🔗 www.gondolavenezia.it

行家祕技　在威尼斯不迷路

　　在威尼斯你一定會迷路，不過在很多街道的牆上都有「Per S. Marco」(聖馬可)、「Per Ferrovia」(火車站)、「Per Rialto」(高岸橋)、「All' Accademia」(學院美術館)的標示，只要抓住方向，依然可以暢遊威尼斯這個大迷宮。

指指點點義大利文

路標用語

Senso Unico / 單行道
Entrata / 入口
Uscita / 出口
Divieto di Accesso / 禁止進入
Divieto di Sorpasso / 禁止超車
Divieto di Sosta / 禁止停車
Passo Carrabile / 車庫前請勿停車
Rallentare / 放慢速度
Pericolo / 危險

搭火車用語

Solo andata / 單程票
Andata e ritorno / 來回票
Prima classe / 一等車廂
Seconda classe / 二等車廂
Biglietteria / 購票處
Orario / 時刻表
Stazione / 火車站
Binario / 月台
Informazioni / 詢問處
Assistenza Cliente / 顧客服務處
Fermata dell'autobus / 巴士站
Cuccetta / 臥鋪

Vorrei comprare un biglietto per......
我想要買一張往……的票。

Un biglietto per Roma / Milano, per favore.
麻煩買1張往羅馬 / 米蘭的車票。

A che ora parte / arriva a Firenze?
幾點走 / 抵達佛羅倫斯？

Il treno e'soppresso / in ritardo.
這班火車取消 / 誤點了。

Dov'e' la fermata dell'autobus?
公車站牌在哪裡？

Dove posso comprare il biglietto?
我要在哪裡買票？

Vorrei comprare un biglietto per Siena.
這輛公車到……？

Vorrei andare all'ostello, dove scendo?
我要到青年旅館，要在哪一站下車？

Mi avverte quando scendere?
到站的時候，可不可以麻煩你告訴我？

計程車用語

Mi porti a quest' indirizzio, per favore.
請載我到這個地址。

租車用語

Noleggio / 租車處

Benzina senza piombo / 無鉛汽油

Diesel / 柴油

Dove posso noleggiare una macchina?
哪裡有租車處？

Vorrei noleggiare una macchina.
我想要租車。

Che macchine avete?
你們有什麼樣的車？

Posso restituire la macchina in un' altra citta'?
我可以在別的城市還車嗎？

Questa strada porta a Roma?
這是往羅馬的路嗎？

Il pieno, per favore. / 請加滿油。

E' finita la benzina. / Sono in riserva.
車子沒油了。

Ho avuto un incidente.
發生車禍了。

La macchina si e' guastata
車子在……拋錨了。

住宿篇
Accommodations

在義大利旅行，有哪些住宿選擇？

本章列出8種義大利住宿選擇，你可從預算、停留時間、地域特色、交通等條件

多方考量。當然，你也可以到當地後，請旅遊資訊中心給予協助。

住宿種類介紹

義大利住宿選擇非常多。

旅館

　　義大利的一般旅館(Albergo / Hotel)是以星級來分，分為一至五顆星，旅館門口或招牌都會標示。一星級旅館雙人房每晚約€40～70，非常靠近市中心的一星級飯店旺季時雙人房每晚可能要價€100；二星級飯店雙人房每晚約為€85～120；三星級飯店每晚約€120～180；四星級約€220～350，價格最高者為五星級飯店每晚約€300以上；羅馬、威尼斯及佛羅倫斯飯店住宿費用，通常比其他城市高。

　　二星級以下旅館大多不提供吹風機、熱水、保險櫃、電話，訂房時也要特別注意是否含衛浴設備或早餐(通常只有麵包、咖啡)，有些較便宜

的房間是共用衛浴。此外，最好自己攜帶盥洗用品，二星級以下的旅館大部分並沒有提供。入住時均需收城市稅。

連鎖飯店

　　連鎖旅館通常走的是現代化商務型設計，大部分位在火車站、展場及機場附近，週末價格會比較便宜。常見的旅館有較平價的Ibis(www.ibishotel.com)、商務型旅館有Accor(www.accorhotels.com)、Mercure(www.mercure.com)、Novotel(www.novotel.com，機場附近幾乎都可找到這家旅館)、Holiday Inn(www.holidayinn.com)、義大利四星級連鎖旅館NH Hotels(www.nh-hotels.com)與Una Hotels(www.unahotels.it)。

民宿及公寓式住宿

　　Airbnb或房間出租(Affitacamere)類型的民宿，不列入星星級，費用通常會比較便宜。不過，像是阿爾卑斯山的度假小屋，也可能相當高級且昂貴。民宿房間還分共用衛浴或私人衛浴，訂房時要特別注意。有些公寓式旅館還會另外加收清潔費。有些私營民宿可能不收城市稅。

沙發客Couch Surfing

　　只要加入沙發衝浪網站成為會員，就可以尋找願意免費提供住宿給你的沙發客。好處是可以省錢，又可以結交當地朋友做文化交流。不過尋找時當然還是要仔細篩選，安全為重。

農莊

　　義大利現在很流行農莊度假（Agriturismo），在農莊投宿如遇到採收季節，還可享受採收之趣，或到附近的森林採菇。有些農莊提供廚房自炊，有些則可在農莊內享受當地食材料理的野味。

▲ 入住農莊欣賞義大利人巧手下的古樸布置（Monteplciano的San Martino有機農莊）

露營區

　　義大利的露營區雖然大部分都在市郊，對於自行開車者尤其理想。露營區的設備相當齊全，若沒有帳棚可租帳棚，或選擇小木屋或拖車型住房，衛浴、甚至廚房，大型的露營區還有游泳池、餐廳、酒吧等設施。最棒的是，費用相當便宜，帳棚一人約€9起，小木屋每人約€22～40。

青年旅館

　　青年旅館（Ostello／Youth Hostel），並不限定青年才能投宿，這種住宿費用便宜，大城市一床的價位約€30～40，小城市約€20～25，是市區最便宜的選擇，現在許多青年旅館也越來越有設計感了。義大利有些修道院也提供平價住宿，部分只收女性，通常有門禁。

▲ 青年旅館為多床上下舖房間，內有放置個人物品的儲存櫃

行家祕技 怎麼舒服睡青年旅館

　　一間房4～12床不等，每個人的作息時間不同，若要確保睡眠品質，可攜帶眼罩及耳塞。若沒有提供簾子，可用圍巾或大毛巾圍起來。並非所有青年旅館都提供櫃子鎖頭，建議自己多帶幾個，可拿來鎖後背包拉鍊。

♥ 貼心 小提醒

禮儀：出房間，切勿穿著睡衣。

洗澡：義大利廁所都沒有排水孔，洗澡時要把浴簾或淋浴門拉好，以免淹水。

水龍頭：C是指熱水（Calda），F是指冷水（Fredda）。

拿名片：在飯店check-in之後，記得拿張飯店名片，如果迷路的話，至少可拿名片問路，或搭計程車回飯店。

選擇住處與預訂

除非是特殊節慶或展覽，否則一定可以找到房間。

義大利是個很熱門的觀光國家，因此境內各個大小城鎮的住宿服務都相當完善，不太需要擔心沒有地方住(除非遇到像威尼斯嘉年華會或米蘭家具設計展)。一般說來，主要火車站附近都可找到便宜的住宿點，若不想提著行李到處找住宿點，建議先訂房。目前網路訂房服務十分便利，而且都會有一些折扣優惠，若有固定使用的訂房網站，還可享積分回饋。

如何在當地訂房

現在線上預訂已相當便利，若不想被既定行程綁住，可以前一晚再訂房，或者抵達火車、巴士站或古城後，打開訂房網站APP(前提是要有網路或找得到Wi-Fi可用)，搜尋距離最近(最好是0.1～0.2公里)的空房，依據自己的預算、喜歡的風格、評價選擇。

或者，當看到喜歡的旅館時直接進去問櫃檯是否有房間，通常會有一點點的優惠。另也建議到旅館官網比價，通常比透過訂房平台訂還便宜。

行家祕技 老式電梯搭乘步驟

由於義大利建築不可隨便改建，因此仍有許多老電梯。搭乘步驟如下：手動打開電梯門→手動關門後按樓層→抵達後自行打開門→出門後記得關上電梯門，否則其他樓層就叫不動電梯了。 **請注意** 拿坡里有些電梯還得投錢才能使用！義大利樓層算法：0樓(G地面樓層)＝台灣1樓。

貼心 小提醒

如何使用義大利被單

義大利旅館習慣在床墊上鋪一層白色被單，這是蓋在身上的。冷的話可將毯子放在白色被單上，毯子不一定會洗，但被單一定是乾淨的。

實用訂房網站

現在的訂房中心幾乎都有APP可供下載，方便搜尋及收藏自己喜歡的旅館。

Booking.com	訂房類型包括旅館、青年旅館、公寓、船屋等。 優點：不需先付訂金，到場後再付費；APP及網站的介面做得非常好。
Hotels.com	評價也很好的訂房網站，常提供優惠代碼，累積10晚送1晚。 Expedia及Agoda等也好用。
HotelsCombined	有喜歡的旅館可到此網站比價。 只要輸入旅館就可比較各大訂房中心的價位。TripAdvisor網站也有此功能。
Airbnb	可找到特色民宿、獨棟公寓、農莊等，還可選擇和主人同住的房型，來一趟文化交流。最近新興的另一個網站onefinestay，算是高級版的Airbnb民宿網。
Agrituist.it農莊	義大利各區的農莊、酒莊住宿搜尋與預訂。托斯卡尼、溫布里亞地區最適合這種類型的住宿。
Hostelworld.com 青年旅館	可搜尋全球各地的青年旅館。
camping.it 露營	義大利人到海邊度長假很喜歡住露營區，便宜、有廚房、園內休閒設施多、大人小孩可玩在一起。
Couchsurfing.org 沙發衝浪	搜尋自己的目的地是否有願意提供沙發或房間的主人，主要為文化交流，不只是省錢而已。篩選時應特別注意評價，尤其是單身女性。
Wotif.com 神祕旅館	Wotif這類的訂房網站常推出神祕旅館，預訂時只提供大略的描述，訂完後才知道自己訂哪間旅館。通常可以超優惠價格入住4～5星級旅館。

貼心 小提醒

城市稅City Tax

義大利各城市還向遊客收取城市稅，這是房費之外的額外費用，通常是入住或退房時收取，且只收現金。每個城市的城市稅不同，入住星級越高者，城市稅越高。以威尼斯公寓住宿為例，每人、每晚為€4。

訂房注意事項

□ 義大利各地火車站附近的大樓，可找到許多小旅館，有些一星級或二星級旅館可能沒有電梯，會帶重行李的旅客，訂房時應事先詢問清楚。

□ 二星級以下的旅館通常不提供盥洗用具，請自備牙刷及盥洗用具；四星級以上大部分也沒有牙刷，自己沒帶的話可詢問樓層管家是否可提供。

□ 威尼斯嘉年華會、米蘭國際家具設計展、7～8月濱海城市都要事先預訂，否則可考慮住在衛星城市，像是威尼斯的Mestre區。

如何選擇合適的住宿點

交通便利

一般來說，住在市中心會比較方便觀光。如果是以大眾交通工具旅遊者，多花點錢住在市中心，晚上也可外出用餐或欣賞夜景。自己有交通工具者，則可考慮住在市郊。

地域特色

可依城市特色，選擇住宿種類。一般大城市，可選擇投宿一般旅館或公寓，選擇較多；到小城市，則可選擇住在民宿，體驗義大利小城生活；如果是到鄉下，那當然要投宿農莊或酒莊，體驗真正的鄉村氣息。

預算與同行人數

預算較緊或一個人旅遊者，建議投宿青年旅館，既安全，又可結交新朋友、交換資訊。如為兩人同遊者，倒是可考慮民宿或一～二星級旅館，費用有時比青年旅館便宜；歐洲旅館的單人房價錢通常跟雙人房相差不多。

停留時間

若預計在同一個地點會停留較久，則可租公寓，多人分攤，費用其實還滿划算的，而且還可自炊。長期居留者，如果要在羅馬這樣的大城市租屋，市中心公寓一個月約€1,000，另還要押金；若是租一個房間，則約€200以上。車站、書店、超市都可找到租屋廣告。

▲ 一～二星級旅館

▲ 公寓式旅館及民宿

▲ 五星級旅館房間格局

▲ 這類型建築，通常是三星級飯店規模

▲ 很多四星級飯店設在典雅的老建築中

▲ 有些較便宜的房間，衛浴是設在房外的共用衛浴，訂房時要看清楚

特色旅館推薦

義大利住宿選擇非常多，可依地域特性選擇住宿類別。

酒莊城堡住宿 (托斯卡尼)

http www.castellomeleto.it

托斯卡尼最優美的葡萄園、橄欖樹園間，有座城堡酒莊(Castelo di Meleto)，讓人有機會入住城堡，過過公主、王子癮。

這座城堡原為修道院，後改為夏宮，裡面有著美麗的溼壁畫，甚至還有18世紀的私人小劇場。入住的客人都可參加一天3次的城堡導覽。

入住這裡最特別的是，這區是Chianti最重要的酒區之一，因此不但可入住夢幻般的城堡，還可參觀酒莊，品嘗美酒與美食。品酒室所準備的義式燻肉等小點，真的非常好吃，酒也相當有水準，別錯過了！

房間除了城堡內適合蜜月旅行的10間特色

房外，葡萄園周區還有兩～三房的農莊住宿，有客廳、廚房，相當適合親友一同出遊者。若入住Meleto城堡酒莊，有時間還可參觀附近的Castello di Brolio及Rocca delle Macie，也都是相當著名的酒莊。托斯卡尼另一家網美級酒莊為Conti di San Bonifacio Wine Resort，預算夠的話，也是很棒的選擇。

1.這區擁有最經典的托斯卡尼美酒，附近還有多家知名酒莊 / 2.還可參觀酒莊、品嘗當地美食 / 3.城堡內仍保留美麗的溼壁畫及小劇院 / 4.相當推薦這款辣味果醬，最適合搭配起司食用

入住茱麗葉之家 (維諾那)

http www.balconedigiulietta.com

　　旅館(Relais Balcone di Giulietta)就位於維諾那著名的茱麗葉之家建築群中,探出窗就是羅密歐對著茱麗葉深情款吟唱情歌的陽台。如此浪漫的旅館,當然是義大利蜜月旅行中,最理想的住宿。而旅館也用心布置,讓賓客在此留下難忘的回憶。

▲ 最浪漫的蜜月旅行住宿地點

▲ 探出窗就是遊客趨之若鶩的茱麗葉之家

行家祕技 Sarai Apartments公寓旅館

http www.saraiapartments.com

　　在由無數小島組成的威尼斯城,無論是步行或搭船都很難趕時間,因此住火車站周區,其實也是很便利的選擇。

　　這家獲選為威尼斯第一等級的公寓旅館,設備完善舒適提供可容納2～4人設備完善的公寓,6間公寓均位於威尼斯古城區,像是 Appartamento Hania就在火車站周區;Venisa位於高岸橋附近;Samuel則相當靠近聖馬可廣場,方便參觀景點及夜賞水都威尼斯。

Soggiorno Battistero 民宿 (佛羅倫斯)

http fortehospitality.it/soggiorno-battistero

　　這可說是佛羅倫斯位置最好、且價格合理的住宿了。民宿就位於百花聖母大教堂廣場上,窗外就是洗禮堂及大教堂、鐘塔,坐在房間陽台即可欣賞廣場上的表演。這樣的地點實在無可挑剔,要參觀景點或購物都近在咫尺。房間設備及清潔度也相當好,從備品的選擇,也可以讓人感覺經營者的用心。櫃台雖然不是24小時都有服務人員,不過提供24小時服務電話,退房後也可免費寄放行李。

▲ 望出窗就是美麗的大教堂建築群

備品選擇的是義大利 ▶
相當優質的品牌

Hotel Flora Venezia
公寓旅館 (威尼斯)

http www.hotelflora.it

傳承3代的家庭旅館，接待客人親切但又不失專業，房間布置充滿威尼斯風格，綠意盎然的庭院更是迷人，且旅館就位於精品街區，是讓人會想一訪再訪的美麗小旅館。

Hotel Villa San Felice
度假旅館 (卡布里島)

http www.hotelsanfelice.com

充滿島嶼度假風情的中價位旅館，而且就位於卡布里島市中心精品街周區的安靜小巷。旅館內部以清爽的藍色，輕巧地點綴在純白色調中，透顯出愉快的島嶼度假風。房間相當寬敞，另也設有泳池。

三大中型城市住宿推薦

	拿坡里	維諾那	波隆納
住哪一區好	古城區較為推薦，不建議住在火車站周區，非常亂。	維諾那城市並不是太大，由火車站到古城區均適合住宿。	最推薦住在古城區內，較能充分感受這美食之都的活力。
旅館推薦	**Hostel of the Sun** 這家青年旅館不只是旅館，而是個充滿拿坡里生命力與思想的空間。大紅色的客廳牆面配上舒服的沙發與視聽設備，餐廳是明亮的黃與簡單有型的餐桌椅。據說2008年拿坡里發生垃圾危機時，就是這家青年旅館的人帶頭，發起一同清理家園的活動。 http www.hostelnapoli.com **Hotel Principe Napoli' amo** 由16世紀豪宅改建的三星級旅館，就位於市區最熱鬧的Toledo徒步街上，距離港口也不遠，地點非常好。房間走古典風格，小有氣派，最棒的是可以跟義大利的老人一樣，倚在陽台欄杆上看人。服務態度很好，含早餐、免費網路。 http www.napolitamo.it	**Hotel Torcolo** 就位於古羅馬劇場前的小巷內，算是這附近較平價、且房間布置還算清雅的小旅館。 http www.hoteltorcolo.it **B&B Casa Coloniale** 位於藥草廣場附近的小巷內，既有設計感又溫馨的民宿。每個房間都有自己的色彩，家具也相當有品味，含早餐。 http www.casa-coloniale.com 	**Hotel Touring Bologna** 這家三星級旅館靠近 S. Domenico大教堂，是波隆納老城內相當僻靜的地區。夏季客人可泡在頂樓的按摩浴缸，欣賞波隆納附近的山區景致。 http www.hoteltouring.it **Protezione della Giovane di Bologna** 位於老建築中的修道院住宿，應該是女性遊客最便宜的住宿選擇。房間雖不大，但相當乾淨，而且位於市中心，距離各大景點都很近。 ✉ Via S. Stefano 45 **Il Nosadillo Hostel** 親切友好的青年旅館，提供共用廚房與免費早餐，步行參觀各景點也便利。 http www.ilnosadillo.com

兩大熱門觀光區域住宿推薦

	托斯卡尼地區	阿瑪菲沿岸
住哪一區好	Siena是托斯卡尼主要城市，城內生活機能佳，也有些值得參觀的景點，是理想的住宿地點。暮光之城拍攝場景的Montepulciano城內外可找到不同類型的住宿，城內也有許多美食餐廳和商店，不但可欣賞托斯卡尼風光，自駕到周區的小村莊遊覽也方便。	蘇連多的住宿選擇較多，無論是高級、中級、民宿、青年旅館及露營區都有；波西塔諾則以高級旅館及民宿居多；阿瑪菲的旅館跟民宿也不少，房價比波西塔諾便宜；而拉維諾的住宿最少，以民宿為主。音樂節期間一定要提早訂房，旺季的價位也很高(9月也是相當熱門的季節)。

旅館推薦

托斯卡尼地區

Siena：
B&B Paradiso n.4 民宿
非常推薦這家小民宿，不但靠近古城巴士站，也靠近古城主街道。而且女主人相當有環保意識，大部分使用的是有機產品。更棒的是，早餐都是她自己到附近的小農莊探尋，以古法或較健康的方式製作的各種食品。房間共有4間，兩大兩小，整體布置相當清新，並適當的利用一些老家具布置出山城風情。
🔗 www.paradiso4.com

Bagno Vignoni：
溫泉旅館 Le Terme
著名的溫泉鎮Bagno Vignoni的公共溫泉池旁有家很棒的旅館Le Terme，這是家族經營的旅館，在溫馨的氛圍裡又可看到服務的專業。全新改造後，房間在清新的設計中，又無處不見淳樸的質感，而且打開窗戶就可看到古老的公共溫泉池。旅館內也有按摩中心、SPA設備及私人溫泉池，非住客也可付費使用。
🔗 www.albergoleterme.it

Montepulciano：
La Terrazza di Montepulciano
位於Motepulciano古城中心的家庭旅館，服務相當親切，可步行參觀各大景點。
🔗 www.laterrazzadimontepulciano.it

Pisa：
Hotel di Stefano
比薩這家小旅館的主人用心保留這棟老建築，並透過旅館內部的各種細節布置，讓客人充分感受到主人的誠意。是家令人安心的旅館，相當推薦。
🔗 www.hoteldistefano.it

阿瑪菲沿岸

阿瑪菲熱情老闆的舒適旅館
Hotel Antica Repubblica
這家位於阿瑪菲鎮主街上的三星級旅館，一進門就是熱情老闆的歡迎，房間設施也中規中矩的舒適與整潔。阿瑪菲鎮雖不如Ravello浪漫，但交通便利，搭船或公車均方便，對於使用大眾運輸旅行者，反而是不錯的住宿城鎮。
🔗 www.anticarepubblica.it

▲ 旅館就位於市區主街上

Nube d' Argento Sorrento
距離蘇連多市中心約1公里處的崖邊有座四星級的露營區，設備超齊全。自備帳棚者可在園內的露營區搭棚，若沒有露營設備，也可考慮住他們設備齊全的小木屋。
🔗 www.nubedargento.com

Casa Guadagno Positano
標準的波西塔諾建築，走下階梯、穿過峰迴路轉的走廊，才來到明亮的房間；打開落地窗，迎面而來的竟是美麗的山海景及擺著七矮人的小庭院。
🔗 www.casaguadagno.it

Palazzo della Marra Ravello
由12世紀的老建築改建的民宿。房間布置雖然簡單，卻帶出南義的獨特風格，有些房間還可看到主教堂，或從陽台欣賞附近美麗的山景。
🔗 www.palazzodellamarra.it

四大城市住宿推薦

	羅馬	米蘭	佛羅倫斯	威尼斯
住哪一區好	●行李多者：Termini火車站附近，各種等級旅館眾多 ●觀光及購物便：競技場、西班牙廣場、那佛納廣場 ●安靜：梵蒂岡城或Via Veneto周區	●行李多者：Centrale中央火車站周圍 ●觀光及購物便：主教堂、布宜諾艾利斯大道地鐵站附近 ●安靜：布雷拉美術館周區 ●好玩：運河區	●行李多者：SMN火車站及聖羅倫佐教堂附近 ●觀光及購物便：主教堂、領主廣場、共和廣場周區 ●安靜：聖馬可廣場、彼提宮及聖靈教堂(Santo Spirito)附近	●行李多者：Santa Lucia火車站周區 ●觀光及購物便：聖馬可大教堂、高岸橋周區 ●安靜：學院美術館區、聖史蒂芬諾(San Stefano)周區 ●便宜：Mestre衛星城市
旅館推薦	**The Beehive有機旅館** 一對美國夫婦在羅馬特米尼火車站附近實現了他們的有機夢 http www.the-beehive.com **Rome for the Holidays** 羅馬市區共有6處公寓出租 http www.romefortheholidays.com **Holidays Suites Navona** 位於那佛納廣場旁的公寓旅館，方便步行觀光老城與梵蒂岡城 http pse.is/5m65nb	**Ostello Bello** 靠近主教堂的歡樂青年旅館，另有一家分店位於中央火車站附近 http www.ostellobello.com **Hotel La Madonnina 三星級旅館** 米蘭大教堂前，交通非常便利，但又鬧中取靜 http www.hotellamadonninamilano.it **Eurohotel** 位於Porta Venezia地鐵站外，地點便利的中價位商務旅館 http www.eurohotelmilano.it	**Hotel Caravaggio Firenze** 位於公園前的優質旅館，可輕鬆步行到火車站、中央市集、主教堂 http www.hotelcaravaggio.it **Ostello Archi Rossi** 地點非常好，到各景點參觀都很便利 http www.hostelarchirossi.com **The Social Hub Florence Lavagnini** 荷蘭開始的升級版學生宿舍，也供遊客住宿客房，內部設有完善的休閒設施，當然最棒的是充滿了年輕活力 http www.thesocialhub.co/florence-lavagnini	**Ostello Domus Civica** 火車站附近的青年旅館 http www.venicehostel.org **Hotel Filu'** 距離火車站不遠，設計較為現代，附近有許多較不觀光的優質餐館(如P.115的Trattoria Alla Fontana) 台灣人民宿 **Casa D'Oro** 位於威尼斯機場周區，提供舒適、親切的住宿環境 http bbcasadoro.blogspot.tw

指指點點義大利文

 住 宿 用 語

Lenzuola / 床巾　　Asciugamano / 毛巾
Carta igienica / 衛生紙　　Coperta / 被單

Cerco un albergo / pensione / ostello.
我在找飯店／民宿／青年旅館。

Dov'e' un albergo a buon prezzo?
哪裡有便宜的飯店？

Mi puo' scrivere l'indirizzo, per favore?
你可以幫我寫下地址嗎？

Come si arriva dalla stazione?
我要怎麼從火車站到旅館？

Avete camere libere?　　Posso prima vederla?
有空房間嗎？　　我可以先看房間嗎？

Vorrei una camera singola / doppia con bagno.
我想要一間單人房／雙人房，附衛浴。

La colazione e' inclusa? / Dove si fa colazione?
有包含早餐嗎？／在哪裡用早餐？

Quanto costa una notte? / Quanto costa a persona?
一個晚上多少錢？／一個人一個晚上多少錢？

Parto / partiamo oggi / domani / dopo domani.
我／我們預計今天／明天／後天走。

Vorrei prenotare una camera doppia a nome di......
我想以……名字預訂一間雙人房。

Vorrei prenotare da......a......
我想從……(日期)預訂到……(日期)。

Posso aggiungere un letto per una persona?
我可以加一張床嗎？

Vorrei la sveglia alle 6.
我想要早上6點起床。

飲食篇
Gourmet

在義大利吃什麼道地美食？

吃，是很重要的義大利文化。本章先介紹義大利人一天吃哪四餐，
再告訴你怎麼找吃的，包括高中低價位餐飲、吃冰淇淋、喝咖啡等等。

義大利用餐須知

咖啡站著喝跟坐著喝的價錢可不同！

義大利人的一天四餐

早餐 Colazione

義大利人早餐多半喝卡布奇諾（Cappuccino）或拿鐵咖啡（Caffè Latte），然後配個可頌麵包（Brioche）。早餐內容極簡單，三星級以下的旅館早餐通常很簡單。

▶ 早餐麵包口味通常有巧克力醬（cioccolato）、果醬（marmellata）、奶油（crema）、原味（semplice）

午餐 Pranzo

在外工作的義大利人，中午吃得滿簡單的。通常在工作附近的Bar，吃義大利三明治（Panini）或披薩；或者是吃沙拉，再加上簡單的第一道菜（Primo Piatto），像是義大利麵。

▶ 在外工作的義大利人中午會簡單吃

餐前酒 Aperitivo

大城市裡的許多上班族，下班後會到酒吧先喝個小酒、吃個小點心。通常他們只要到Bar點一杯酒，就可以享受豐富的小餐點。

▶ 義大利上班族，喜歡在下班後到酒館喝餐前酒，與朋友聚聚

晚餐 Cena

上班族只有晚餐時間才能和家人聚在一起用餐，所以晚餐會吃得比較豐富，內容包括：前菜（Antipasto）、配菜（Contorno）、第一道菜（Primo Piatto）、第二道菜（Secondo Piatto）、甜點（Dolce）、咖啡（Caffe）。

▲ 晚餐用餐時間較充裕，會較豐盛一點

義大利用餐順序

在義大利吃頓正式的餐，包括：開胃菜、第一道菜、第二道菜、甜點、飲料。用餐程序如下：

Step 1 點飲料或餐前酒

服務生拿菜單過來時，會順便問你要喝什麼。可先點水，或請他們推薦餐前酒。

Step 2 點開胃菜

看菜單先點開胃菜（Antipasto）。若不知道要點什麼可以選開胃菜拼盤（Antipasto misto）或請廚師直接幫忙配菜。

Step 3 點第一道菜

接著點第一道菜（Primo Piatto），像是義大利麵（Spaghetti）、飯（Risotto）等。

Step 4 點第二道菜

再來點第二道菜（Secondo Piatto），也就是肉類或魚類；另還可點配菜（Contorno）大都是一些烤蔬菜、沙拉（Insalata）、湯。

▲ 烤得好的菜，會帶點燻烤味，一咬下去便與蔬菜的鮮甜融合

Step 5 點佐餐酒

點完菜後，可請服務生推薦適合菜肴的酒，或直接點餐廳選酒（Vino della casa）通常是便宜又好喝，可點一杯、1/4升、1/2升或1升酒。

Step 6 點甜點或餐後酒

吃完餐點後，服務生會詢問你是否要點水果（Frutta）、甜點（Dolce）、起司（Forma-ggio），或檸檬酒、義式白蘭地（Grappa）這類的餐後酒。

▲ 餐後可點甜點或餐後酒，像是Limoncello檸檬酒

Step 7 付帳

用完餐可請服務生拿帳單（Conto）過來，如果是在酒吧或小餐館用餐，則可自行到櫃檯付帳。

Step 8 給小費

小費可隨意給（並不一定要給，或可留下找回的零錢），但請不要給一大堆零錢，比較不禮貌。如果以信用卡付款，可在小費欄填寫小費金額。

用餐禮儀

先向店家打招呼

進餐廳先向店家打招呼，像是「Buon giorno」或「Buona sera」，這是基本禮儀。

開始點菜

多人一起用餐時，可能有人只點第一道菜，有人只點第二道菜，可跟服務人員說第一道及第二道菜一起上。

各吃各的

義大利人用餐都是自己吃一盤，不像中式餐飲把所有菜擺在餐桌中間吃合菜。

飯後咖啡

義大利人飯後不喝有奶類的咖啡，如Cappuccino或Caffé Latte，因為他們認為牛奶無助於消化。所以一般都會點杯Caffé（濃縮咖啡）或Caffé Macchiato小小杯的瑪其朵咖啡。

小朋友上餐館

若帶小孩上餐館，可要求兒童椅，但市區餐廳大多不提供。

豆知識

咖啡站著喝較便宜

進義大利咖啡館喝咖啡，站著喝比坐著喝便宜，一般站著喝濃縮咖啡約€1。以威尼斯昂貴的花神咖啡為例，坐著喝一杯濃縮咖啡€6.5，站在裡面的吧檯喝是€3。

路上觀察 *義大利的氣泡水與冰淇淋*

在義大利喝水

餐廳的水都要付費，一般可分小瓶(mezzo litro)或大瓶(un litro)，然後又分氣泡(Acqua frizzante)或無氣泡(Acqua naturale)。設於古城區的小噴泉水大多可直接飲用，除非標示有「Acqua Non Portabile」的字樣。

在義大利吃冰淇淋

義大利冰淇淋世界聞名，夏天時，無論大人或小孩總是拿根冰淇淋認真又滿足地舔著。點義大利冰淇淋時跟站在吧檯喝咖啡一樣，先到櫃檯結帳，告知要大、中、小及甜筒(Cono)或紙杯(Coppa)，兩種價錢一樣，然後到吧檯選你要的口味。帶著走比較便宜，若是坐在店裡吃，店家會將冰淇淋放在美美的玻璃杯中，價錢要貴上一倍。

冰淇淋的口味有：哈密瓜(Melone)、草莓(Fragole)、檸檬(Limone)、巧克力(Cioccolato)、核果(Nocciola)、奶油(Crema)、咖啡(Caffe)、提拉米蘇(Tiramisu)、開心果(Pistacchio)、米(Riso)等。除了Gelato冰淇淋外，西西里島冰沙Granita也超消暑！

開胃菜及配菜

烤蔬菜
Verdura alla griglia
將蔬菜直接碳烤，最推薦節瓜Zucchini及茄子Melanzane

鵝肝烤餅
Crostini
托斯卡尼地區的鵝肝烤餅(Crostini)尤其美味

哈密瓜火腿
Prosciutto e melone
哈密瓜跟義大利火腿竟然是絕配，相當清爽的一道前菜

松露蛋
Uova al Tartufo
簡單卻提供松露絕佳的表現空間

玉米糊佐章魚
Polenta con polpo
北義特色菜

大麥沙拉
Insalata Farro
清爽又健康的大麥沙拉

綜合拼盤
Antipasti Misti
通常會有各種燻肉、番茄烤餅(Bruschette con Pomodori)。威尼斯則多用海鮮，如鱈魚泥、墨魚、沙丁魚。點餐時可請主廚依人數配菜

番茄起司
Insalata caprese
卡布里式沙拉，有紅色的番茄、白色的Mozzarella起司、及綠色的羅勒葉，就像義大利國旗的顏色，再淋上橄欖油、鹽巴，簡單又可口

沙拉
Insalata
義大利人吃沙拉只加橄欖油、醋或鹽巴。若不想吃太多可點一道沙拉、一道義大利麵

西洋梨起司蜂蜜烤餅
Pera ricotta miele e nocciole
Riccota起司放上新鮮西洋梨及蜂蜜，大部分還會灑上核桃

Coperto
帳單上通常會有一筆依人頭計算的Coperto餐桌費

歐洲特殊蔬菜水果

朝鮮薊
Carficio

常用於披薩

大茴香
Finocchio

常用於沙拉

節瓜
Zucchini

常用於烤蔬菜，炸節瓜花很好吃

主菜及義大利麵

義大利燉飯
Risotto

以牛骨湯、米飯燉煮的米飯，最好吃的有石蕈菇燉飯Risotto ai funghi porcini、海鮮燉飯Risotto ai frutti di mare。若是白醬的燉飯，吃的時候可加起司粉；番茄燉的紅醬或海鮮燉飯，則不適合加起司粉

佛羅倫斯牛排
Bistecca alla Fiorentina

佛羅倫斯最著名的牛排，分量大、厚實，由於牛肉本身的肉質就已經很好了，只要加上些許鹽碳烤就是最美味的一道佳肴

綜合炸海鮮
Fritto misto di mare

蝦、小卷、小魚等綜合海鮮酥炸，在威尼斯、阿瑪菲海岸、西西里島等靠海城市都很常見，口感有點像台灣的鹽酥雞

牛肝菌牛排
Porcini

Porcini不只可以拿來做燉飯及義大利麵，佐牛排更添牛肉香

米蘭炸豬排
Cotoletta alla Milanese

米蘭特色菜大象耳朵(炸豬排)

米蘭燉牛脛骨
Ossobuco alla Milanese

以牛脛骨、番紅花、起司燉煮，餐廳也提供牛脛骨及燉飯合菜

墨魚麵
Spaghetti al Nero di Sepia

義大利當地通常是以一般的義大利麵及新鮮墨魚料理,而不是使用黑色的義大利麵

義大利餃
Ravioli或Tortellini

麵皮內包起司、肉醬、菠菜、南瓜等不同餡料的義大利餃,有些會做成湯餃

耳朵麵
Orecchiette

南部Puglia地區的義大利麵,形狀像小耳朵,無論是加苦菜或義大利香腸肉料理都很適合

培根蛋義大利麵
Carbonara

義式培根與蛋料理的經典羅馬菜

麵疙瘩
Gnocchi

用馬鈴薯做成的圓圓胖胖小麵糰,有點像麵疙瘩,口感厚實

義大利海鮮麵
Spaghetti ai frutti di mare

番茄及蝦、淡菜(Cozze)、蛤蜊(Vongole)、墨魚等海鮮

義大利肉醬麵
Spaghetti al ragu

波隆納的肉醬麵是最普遍的義大利麵,另一種為千層麵Lasagna

生氣麵
Spaghetti Arrabiata

辣椒與番茄醬料理,簡單又不膩口的義大利麵,另也推薦大蒜橄欖油義大利麵 (aglio e olio)

青醬麵
Pesto

羅勒葉、松子、蒜頭、橄欖油打成的青醬

鮮魚義大利麵
Pasta con pesce

簡單地加上番茄拌炒,香氣十足

龍蝦麵
Spaghetti all'Aragosta

整隻龍蝦吃起來超過癮

綜合烤海鮮
Fritto Misto di Mare

通常是烤蝦及烤鮭魚或鯖魚

鯷魚 Acciughe	朝鮮薊 Carciofo (Articioco)	生燻肉 Prosciutto crudo	熟燻肉 Prosciutto cotto
奧勒岡 Origano	大蒜 Aglio	橄欖 Oliva	羅勒 Basilico
蘆筍 Asparagi	水牛起司 Mozzarella	蘑菇 funghi	芝麻葉 Rucola

義大利披薩
Pizza

義大利常見披薩的基底是番茄醬(Pomodoro)及起司，且通常是柴燒披薩(forno a legna)。分薄餅及厚餅皮。像大水餃的披薩則是Calzone，將食材的香氣封在餅皮內，也別有風味。以下提供常見配料，點菜時可對照，選擇自己喜歡的披薩口味：

最推薦瑪格麗特披薩Pizza Margherita及最簡單的水手披薩Pizza Marinara。

▲ 番茄羅勒起司披薩　　▲ 鯷魚節瓜起司披薩　　▲ 鯷魚水牛起司披薩

甜點

千層酥
Sfoglie

奶油及酥餅層層疊起的水果派。此外，Panna Cotta義式奶酪也是最常見的義式甜點

提拉米蘇
Tiramisu

義大利最經典的甜點，將Mascarpone起司、蛋、糖打好後，放上沾咖啡的手指餅乾，然後靜置在冰箱中6小時即可食用

白蘭地小點心
babà

拿坡里特殊甜點，泡了白蘭地的小點，非常妙的口感

西西里島甜點
Cannoli

Ricota起司捲餅，在義大利必嘗的甜點

餅乾沾聖酒
Cantuccini e Vin Santo

硬脆的餅乾與烈酒的奇妙組合

起司拼盤
Formaggi

起司加果醬吃(前菜或甜點均可)

特色酒類飲料

紅酒 / 白酒
Vino Rosso / Vino Bianco

義大利葡萄酒是全球最優質的葡萄酒之一，其中以北義Piemonte區的Barolo、中義的Chianti最著名，西西里島酒近年來也越來越受好評

氣泡酒
Spumante

類似法國香檳，以北義Piemonte區的Asti Spumante及威尼斯附近的Prosecco最有名，義大利人餐前酒時間最常點這種

義式白蘭地
Grappa

酒精濃度約35%，適合餐後喝

檸檬酒
Limoncello

來自南義卡布里島及阿瑪菲海岸的黃色檸檬酒，有著清香的檸檬味，很適合餐後喝

金巴利
Campari

多種水果及香草釀製而成的一種利口酒，多為餐前酒時間飲用

常見的義大利咖啡

Caffé

義大利人最常點的咖啡，便宜又好喝。義大利人口中的Caffè，是指濃縮咖啡

Cappuccino

卡布奇諾，是在濃縮咖啡內加入打泡的牛奶

Cappuccino D'orzo

喝咖啡怕睡不著的人，可嘗試這種以麥茶包取代咖啡的卡布奇諾，若不想加牛奶，可問店家是否有豆漿(latte di soia)或杏仁奶

Caffé Macchiato

咖啡瑪其朵是在濃縮咖啡裡加一點牛奶。個人最推薦的義式咖啡

Caffé Americano

美式咖啡，較淡的咖啡，又稱Caffè Lungo

Caffé Corretto

加入白蘭地或Grappa或Sambuca茴香酒的調酒咖啡

Caffé con Panna

濃縮咖啡上加鮮奶油

Caffé Latte

拿鐵咖啡，牛奶分量較多

Caffé shakerato 或Caffé Freddo

雙份濃縮咖啡加入冰塊，搖勻後裝入Martini杯。搖過上面的細泡沫更添咖啡風味

行家祕技　學義大利人點咖啡

用餐或飯後點卡布奇諾，會被看出你就是個觀光客。義大利人認為卡布奇諾或拿鐵咖啡的牛奶太多，不助消化，點杯咖啡瑪其朵(Caffé Macchiato)或濃縮咖啡(Caffé)吧！

又，想要拿鐵咖啡可別只喊Latte，店家會端上一杯牛奶給你。Latte在義大利文是「牛奶」，請說「Caffé Latte」。

夏天最佳飲品—冰搖咖啡

到哪裡找吃的

吃，是義大利重要的文化，食材單純、味道乾淨，卻堆疊出豐富盛宴。餐廳種類很多種，可依自己需求及預算挑選。低價位餐飲約€5～15，中價位約€20～30，高價位則在€30以上。

▲ 正式的餐廳用餐價位較高

餐廳種類

連鎖餐廳

義大利不流行連鎖餐廳，強調的是各家媽媽的獨傳口味，全義大利只有幾家連鎖自助餐廳、披薩及義大利麵店。各大火車站附近可看到麥當勞，但Starbucks這種美式咖啡館很難找到。

自助餐廳：Autogrill

在重要景點附近或火車站、高速公路休息站都可看到。自助餐廳從麵包、飲料、前菜、第一道菜、第二道菜、配菜、甜點都有，依自己所選的食物計價。

披薩店：Spizzico

幾乎各大城市(尤其是火車站附近)都可看到這家便宜的披薩店，提供單片熱烤披薩。

冰淇淋店：Grom

都靈創立的冰淇淋店，應該是目前最優質的冰淇淋店之一，義大利各大城市及紐約都有分店。

低價位餐廳

披薩店(Pizzeria)

披薩，是義大利人的主食，因此有許多簡單的外帶或站著吃的披薩店；也有一些披薩店像一般餐廳，提供各種餐飲，但價位比餐廳便宜。

咖啡館(Caffeteria或Bar)

許多咖啡館或酒吧，提供簡單的義大利三明治、配菜、義大利麵，主要顧客為上班族或學生族。這類地方用餐價位較便宜且快速。若只是要喝咖啡，站著喝會比坐著喝便宜。

烤肉店(Rosticerria)

義大利街上也有許多烤肉店，販售各式香料烤雞、烤豬肉。可以到店裡買隻半雞或切幾片烤肉，再買份烤馬鈴薯及烤餅，就可到公園享受便宜又實惠的餐點。

▲ 披薩店價格比餐廳便宜，幾乎每家披薩店都有烤爐，現做現烤

▲ Bar提供三明治或簡單的午餐套餐(沙拉及義大利麵)

▲ 自助餐廳的第二道菜是現煮的

中價位餐廳

餐館(Trattoria)

介於正式餐廳與小酒館之間的餐館，氣氛較為輕鬆歡樂。

小酒館(Osteria)

有很多酒飲選擇及下酒菜，有些Osteria也像一般餐廳，提供豐富餐飲。威尼斯的Osteria酒館文化相當風行。

高價位餐廳

正式餐廳(Ristorante)

價錢最貴，也較正式，若要去一些受歡迎的餐廳用餐，最好事先預約。

貼心 小提醒

義大利湯與你想像的不一樣

義大利人，尤其是托斯卡尼地區，對於湯的定義不大一樣，是幾乎沒有湯汁的燉蔬菜或燉豆子，冬天想在托斯卡尼的餐廳點碗熱湯取暖，可能要失望了。北義的濃湯比較像一般的湯。

▲ 托斯卡尼的番茄蔬菜湯

行家祕技　便宜食物哪裡找

在義大利找吃的，除了可以到Bar、咖啡館、烤肉店找便宜食物，超級市場也是個便宜解決一餐的好地方。大一點的超市，像是Esselunga、inCoop、Sam、 Pam等都有熟食櫃，可購買前菜或沙拉；或是買個義大利燻肉、生菜、麵包，自製義大利三明治，省錢吃一餐。

一般市場內，也有一些攤位販售便宜又好吃的三明治及餐點，是個可以品嘗道地美食的好地方。此外，麵包店(Pasticeria)通常也販售各式各樣的單片烤餅(Schiacciata或Focaccia)。

市集都會看到▶
這樣的餐車

▲ 許多超市也設有熟食櫃，販賣烤雞、烤肉、甚至壽司

▲ 提供餐點的Bar通常會在門口放當日菜單

▲ Trattoria是較為輕鬆、平價的餐館

▲ 小酒館供應各式酒飲及小菜

路上觀察 義大利街頭美食

鷹嘴豆烤餅(Farinata)

北義西北沿岸的特有小吃，將鷹嘴豆粉和水及橄欖油放進鐵盤，推入柴燒爐中窯烤。非常的香脆，絕對是讓人一吃、還想再吃的街頭美食。在都靈、熱那亞及五鄉地較常見。

烤鹹餅(Foccacia)

義大利常見的烤鹹餅，樣子有點像切片的披薩，最簡單的是加上香料、橄欖油烤，另外還有加義大利火腿、起司、各種蔬菜，口味相當多元豐富。

義大利三明治(Panino)

義大利最常見的快餐，通常是在長型硬皮麵包中夾番茄、起司、義大利火腿、茄子、沙拉等；威尼斯附近還有一種用吐司麵包做的三明治Tramezzino，裡面會包火腿、沙拉、橄欖、鮪魚醬等。

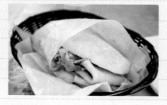

炸肉醬米飯團(Arancini con ragu)

西西里島小吃，將米飯、番茄醬、起司及肉醬捏成球狀酥炸，由於樣子、顏色跟柳丁(Arancia)很像，所以取名為Arancini。許多咖啡館、快餐店都有，有些是加蘑菇(Funghi)或茄子(Melanzane)。

烤肉三明治(Panino con la porchetta)

市場內常見整隻塞著香草的乳豬香烤後，刨下薄片夾在硬皮圓麵包中，豬皮的部分尤其香脆，豬肉則帶著香草的清香。

牛肚三明治(Panino con il lampredotto)

佛羅倫斯特產，將牛肚或牛肉燉煮軟爛之後，夾在圓麵包內，再淋上滷汁及獨特的香草辣醬(必加)。若不想吃麵包，也可單點牛肉或牛肚。佛羅倫斯中央市場外的小攤及市場1樓的Nerbone，及共和廣場附近的Osteria Buongustai都相當好吃。

特色餐廳介紹

作者親自踩點，特別推薦的私房餐廳！

獨特威尼斯酒館美食必訪
Il Pradiso Perduto

http ilparadisoperduto.wordpress.com

　　這家名為「失樂園」的威尼斯小酒館，讓人充分感受威尼斯獨特的酒館文化。初訪這家餐館時，碰巧看到老闆拿著釣竿教孩子在運河邊釣魚，心想這麼有個性的老闆，餐廳一定可期待。

　　果然不失所望，一進這家熱門的餐廳，滿室熱絡的用餐氣息，參觀的菜單每天會依市場所供應的食材而有所不同，因此可在此吃到最新鮮的料理。除了中餐之外，更推薦大家晚上到這裡用餐，尤其是週五、六夜晚，常有爵士樂表演，且周區水道就像米蘭運河區般熱鬧！（附近的Ai Promessi Sposi也很推薦。）

威尼斯最優的慢食餐廳
Trattoria Alla Fontana

http trattoriaallafontana.business.site

　　想在威尼斯享用美食，那可別往聖馬可廣場周區鑽，Cannaregio區隱藏著許多優質小餐館，就像這家以慢食理念料理的小餐廳，有著筆者在威尼斯吃過最棒的墨魚麵。

　　而這墨魚麵之所以如此出色，在於他們每天現桿的手工義大利麵，絕對值得過來嘗嘗，甜點也好有水準。

1.很推薦這豐富的綜合前菜拼盤 / 2.燉海鮮鍋 / 3.運河畔的經典威尼斯小酒館 / 4、6.這家手工義大利麵做的海鮮麵及墨魚麵，真是一絕 / 5.飯後甜點也很棒，尤其推薦提拉米蘇及這道開心果蜂蜜奶酪

讓人吮指回味的提拉米蘇
Osteria Ai Assassini

🌐 ww.osteriaaiassassini.it

位於安靜小巷的小餐酒館，服務專業又親切，食物更是美味，相當推薦鴨肉義大利麵，甜點必嘗威尼斯特產的提拉米蘇，這家做的口味令人念念不忘！

1.鴨肉義大利麵的香氣太令人想念了 / 2.最後可別忘了點提拉米蘇 / 3.Osteria Ai Assassini

威尼斯經典百年甜點店
Pasticceria Rizzardini

✉ Campiello dei Meloni, 1415, San Polo, Venezia

1742年開業至今的老甜品店，進門時不妨看一下門邊，上面有著幾百年來威尼斯淹水的水位記號喔。小巧可愛的老甜品店，附近居民最愛過來享受甜點、咖啡、或一杯小酒。幾百年來，在此提供各種經典的威尼斯甜點，尤其是krapfen柏林甜甜圈，當然，切成小塊的提拉米蘇，可也是不可錯過的甜點！聖馬可廣場附近還有家1879年開業至今的Rosa Salva甜點店。

羅馬必嘗排隊餐廳
La Carbonara

✉ Via Panisperna, 214, Roma

培根蛋義大利麵是遊客到羅馬必嘗的一道菜，La Carbonara則是這道菜的經典餐廳，晚餐通常是還未開店就開始排隊，一開店就客滿的情況，記得提早過來排隊（或19:30過後），品嘗這香而不膩的經典義大利麵。

越台伯河區的平價餐廳
La Tavernetta 29 da Tony e Andrea

🌐 la-tavernetta-29-da-tony-e-andrea.eatbu.com

週末到越台伯河區用餐，幾乎每家餐廳都客滿，而名店Tonnarello的排隊情況更是令人嘆為觀止。不想排隊的話，附近的La Tavernetta 29乍看以為是很觀光化的餐廳，其實餐點便宜又美味，很值得一嘗。

1.推薦至少來越台伯河區吃一餐，這區的文化風貌相當獨特 / 2.戶外座位區

樣樣精采美味的小酒館
Vini e Vecchi Sapori

✉ Via dei Magazzini, 3/r, 50122 Firenze

　　位於Gucci博物館旁的小酒館，是家天天客滿的
歡樂小餐館，提供美味的義式臘腸火腿（適合搭
酒）、燉牛肉、烤羊肉、鴨肉寬麵等，口味都很
不錯，分量比較小一些，建議點前菜共享，再各
點第一道菜或第二道菜，不夠的話，也可加點烤

馬鈴薯這類的配菜，最後當然還要來個甜點。

美食雲集的傳統市場
Mercato di Sant' Ambrogio 市場午餐

✉ Piazza Lorenzo Ghiberti, 50122 Firenze

　　到佛羅倫斯的傳統市場用餐，儼然已成了一
種風潮。中央市場的1樓及外面的牛肚包已是眾
所皆知，2樓則為各式義大利美食的集合體，近
年還加入各國料理。另一個貴婦市場Mercato di
Sant'Ambrogio也是美食雲集，同樣有牛肚包店Il
Trippaio Di Sant'Ambrogio，還有Panificio Chicco
di grano烤餅店、平價小餐館Trattoria da Rocco，
市場外是美味的披薩老店Il Pizzaiuolo，對面則是
著名的Cibrèo Caffè及The Way of Tea 1老茶館，
C.BIO有機超市也非常好逛。

1.C.BIO有機超市可買到各種優質義式食材 / 2.市場外的
The Way of Tea 1老茶館

佛羅倫斯資深老餐廳
Antico Ristorante Paoli 1827

✉ Via dei Tavolini, 12/R, 50122 Firenze

　　1827年開業至今的老餐館，內部牆面、天花
板都是美麗的濕壁畫，來訪佛羅倫斯這美麗的
古都，好像就應該來這樣的餐館體驗一下。除
了著名的佛羅倫斯牛排外，還有牛肝菌菇牛排、
生牛肉、義大利餃，另也提供托斯卡尼地區特
色菜，像是Pici野豬肉醬義大利麵（Pici al ragù di
Chianina）等。

1、2.提供各式義大利、托斯卡尼經典料理 / 3.餐佛羅倫斯
最資深的餐廳之一

超高人氣菜色豐富的牛排餐廳
Trattoria Zà Zà

✉ Piazza del Mercato Centrale, 26r, Firenze

　　佛羅倫薩中央市場後面有兩家著名牛排館，一家是專賣牛排的傳統餐館Mario，另一家則是包含各種義大利經典菜、深受遊客喜愛的Zà Zà。中午若擠不進Mario牛排館，Zà Zà的牛排也極具水準，義大利麵及披薩的口味選擇多。

CP值超高的卡布里島景觀餐廳
Ristorante Verginiello

　　昂貴的卡布里島也找得到價格合理、料理美味、景觀好、服務棒的餐廳。這家位於中心巴士總站不遠處的景觀餐廳，提供非常豪邁的海鮮拼盤，以其分量與種類來講，真的非常超值。自製的義大利麵口感扎實，適合南義的海派食材。

1.海鮮麵也相當扎實有咬勁 / 2.超大分量的海鮮拼盤前菜

擁有傳承百年食譜的高級餐廳
Da Gemma

✉ Via Fra Gerardo Sasso 11, Amalfi

　　阿瑪菲鎮上的高級餐廳，前門雖在小巷內，但卻有著面向主街的開闊平台，推薦大家可以先預訂這區的位置。這家餐廳最著名是以1872年傳承下來的食譜所料理的魚湯（zuppa di pesce）。但筆者認為這道菜太過昂貴（€100），也不如期待，反而其他料理較具水準。

1.非常特別的青豆花枝 / 2.蘆筍蛤蠣手工麵及寬麵都很推薦 / 3.不特別推薦的招牌魚湯，價格太貴、食材可以更好

義大利主要城市餐廳推薦

	美食餐廳推薦	平價餐廳推薦
羅馬	**Pompi 提拉米蘇** 羅馬西班牙廣場不遠處最著名的甜點店，最推薦經典提拉米蘇及千層酥。 ✉ Via della Croce, 82	**Forno Campo de' fiori烤餅店** 歡樂的花之廣場上，這裡提供美味又便宜的Focaccia烤餅。 **Termini特米尼火車站內的 Mercato Centrale Roma** 繼佛羅倫斯中央市場的成功經驗後，特米尼火車站也打造了全新的義大利美食區。在活潑又可親的現代設計環境中，讓世界各地的遊客盡情體驗義式飲食文化！
米蘭	**Paper Moon精品街餐廳** 精品街區內的餐廳，價位合理，餐點美味。主教堂附近的Spontini Pizza，則是另一家知名的披薩店。 🔗 www.papermoonmilano.com **Portobello** 米蘭的隱藏美食餐廳，很受當地人喜愛，披薩及海鮮都是這家店的擅長料理。如果你想遠離觀光客，到這裡保證有驚喜！ ✉ Via Plinio 29 📞 02-2951 3306	**Princi三明治麵包店** 城內有多家分店，時尚的設計、美味的烤餅、麵包、甜點，是米蘭城內最熱門的烘焙連鎖店，星巴克的烘焙坊即是與這家合作。 號稱全球最美的米蘭星巴克 ▶  **米蘭台灣飯店** 台灣人在米蘭開設多年的餐廳，想念家鄉味當然要到這裡找。餐廳裝潢有格調，還提供各種台灣特色餐點。
佛羅倫斯	**Il Latini** 城內最知名的牛排館之一，提供最經典的佛羅倫斯牛排。人多可請服務生配不同的前菜及義大利麵，桌上的酒看你喝多少算多少。 **Eataly** 別錯過這裡超美味披薩，看完主教堂可以走過來用餐，順便採買各種食材，吃吃冰淇淋及喝咖啡。尤其推薦蘆筍水牛起司這一味，隱藏的味道真是令人驚豔！ 	**中央市場及義式三明治街** 佛羅倫斯的美食天堂，2樓有各式美食料理餐廳、烹飪課程，營業到半夜，為佛羅倫斯熱門的晚餐地點。1樓的Nerbone提供知名的牛肉包及牛肚包，再往前走的角落可買到香料烤肉三明治。市場外面還有家牛肚三明治攤。 聖十字教堂附近有一條義式三明治街，其中最著名的為All'Antico Vinaio一手無法掌握的超大分量，招牌三明治La Favolosa，內餡有Sbriciolona義式火腿、自製Pecorino起司、朝鮮薊醬、及辣味茄子，才€7。 🔗 www.allanticovinaio.com 
威尼斯	**Taverna San Trovaso** 學院美術館附近的小餐館，提供經典的威尼斯特色菜，尤其推薦綜合海鮮前菜及墨魚麵。推薦中午過來享用超值午餐套餐。	**布拉諾島美食** 布拉諾島碼頭邊的炸海鮮攤。若想吃正式餐點，可到用餐氣氛熱絡的Trattoria al Gatto Nero與Trattoria da Romano。

義大利主要城市餐廳推薦

	美食餐廳推薦	平價餐廳推薦
維諾那	**Osteria al duca** 以維諾那地區的美食聞名，熱情的老闆讓餐廳用餐氣氛非常好，可以嘗嘗燉驢肉、蝸牛玉米粥(有中文菜單)，這裡的甜點讓人看了忍不住一道又一道的點。 🌐 Via Arche Scaligere 2 **Restaurant Torcolo** 整個餐廳布置真是精緻，這裡還有種特別的紅酒燉飯(Risotto al Vino Amarone)，使用這區所生產的紅酒Amarone料理的特色菜，另還有這種紅酒燉的牛肉。 🌐 www.ristorantetorcolo.it	**Terrazza Bar Al Ponte** 就位在城內最老的石橋PontePietra旁，最適合在此享用中餐，潺潺流水帶來輕鬆的氛圍，對岸的山丘景色及城堡則是最佳的配菜。這裡的餐點更是美味，無論是燻鮭魚沙拉或維諾那特產的義大利麵疙瘩(Gnocchi)都做得非常到位。 🌐 www.terrazzabaralponte.eu **Osteria Giulietta e Romeo** 最推薦的是它的煙燻馬肉，將馬肉刨絲放在生菜上，再撒上帕拿馬起司，吃的時候淋上橄欖油及葡萄酒醋。不能說這道菜非常非常美味，但相當特別。 ✉ Corso S. Anastasia 27
托斯卡尼	**Caffe Poliziano** 原本是咖啡館，也曾轉為電影院，現在是經常舉辦藝文活動的咖啡館，儼然為小城的文化沙龍。不但可以在這裡喝咖啡(推薦Grappa酒及奶油調的Gran Caffe Poliziano咖啡)、優質茶，還可享用每天鮮做的甜點。咖啡館位置絕佳，也是浪漫的用餐地點。 ✉ www.caffepoliziano.it	**Osteria Acquacheta牛排館** 著名的佛羅倫斯牛排產地就是Montepulciano這個山谷Val d'Orcia，來訪這區當然要到專門店品嘗當地特產。 ✉ Via del Teatro 22, Montepulciano
拿坡里	**Gran Caffe Gambrinus** 室內的雕刻、油畫，在鏡子的映照下，圍劃出奇異又古典的空間感。許多文學家、藝術家喜歡到此喝咖啡，詩人Eduardo Nicolardi曾在此創作《夜之聲》。 ✉ Piazza Trieste e Trento, Via Chiaia 1-2 **Da Michele披薩店** 拿坡里最著名的披薩店，得先拿號碼牌排隊，只賣瑪格麗特披薩及水手披薩，瑪格麗特披薩確實相當美味，價位也相當親民。	**Sfogliatelle Attanasio** 拿坡里甜點Sfogliatelle創始店，應是拜訪拿坡里必訪的甜點店。 **Antica Pizzeria da Gaetano** 1964年開業至今的老披薩店，供應各種平價又美味的柴燒現烤披薩，服務相當親切，可充分感受拿坡里人的熱情。

▲ 刨絲的馬肉料理

▲ 相當推薦水牛起司烤蔬菜披薩

 豆知識

慢食 Slow Food

　　從麥當勞要在羅馬的西班牙廣場旁設立分店所引起的慢食運動，反動工業社會的速食文化，現在已成為保存義大利傳統文化及美食的大功臣。至今仍在義大利及全球積極推動在地文化復興，近年來又拓及到緩慢城市(Citta' Slow)，最著名的城市包括羅馬附近的奧維多(Orvieto)、及位在阿瑪菲海岸的波西塔諾(Positano)。

講究慢食的美食園區
FICO World Eataly

🔗 www.fico.it

➡ 由Bologna火車站正對面搭乘專車前往，來回7歐元

　以慢食主義的理念開設的美食超市，現在各大城市均設有分店，除了販售傳統方式製作的美食產品外，店內還設有不同類別的美食區，例如披薩區、海鮮區、美酒區等。

　近年還在義大利美食大本營Bologna開設了號稱全球最大的美食園區，可在此了解帕拿瑪森起司、生火腿、冰淇淋、葡萄酒醋等義大利名產的製作方式。園區採免費入場，可騎腳踏車逛或參加定時導覽參觀美食工作坊。園區內開設了各種美食餐廳，包括拿坡里著名的義大利麵專賣店、起司品嘗專門店、百種義大利酒品嘗區、冰淇淋大學的美味冰淇淋店（推！）等。

指指點點義大利文

菜 單 用 語

Antipasti / 開胃菜
Antipasto di mare / 海鮮開胃菜
Affettati e formaggi / 肉類起司開胃菜
Crostini misti / 綜合烤麵包
Zuppa / 濃湯

Primi piatti / 第一道菜
Spaghetti al ragu / 義大利肉醬麵
Spaghetti di mare / 海鮮義大利麵
Taghiatelle ai funghi porcini /
蕈菇義大利麵
Spaghetti al pesto Genovese /
松子醬義大利麵
Lasagna / 千層麵
Tortellini / Ravioli / 義大利水餃
Penne / 水管麵
Tagliatelle / 義大利寬麵
Risotto / 燉飯
Vongole / 蛤蠣
Cozze / 淡菜

Secondi piatti / 第二道菜
Bistecca / 牛排
Maiale / 豬肉
Agnello / 羊肉

Pesce / 魚類
Gambero / 蝦

Contorni / 配菜
Insalata mista / 沙拉
Verdura grigliata / 烤蔬菜
Verdura lessata / 水煮蔬菜
Patatine fritte / 薯條

Dolci / 甜點
Tiramisu / 提拉米蘇
Torta della casa / 今日甜點
Frutta / 水果
Sorbetto al limone / 檸檬冰
Panna Cotta / 義式奶酪

Bevande / 飲料
Acqua naturale / 沒氣泡的礦泉水
Frizzante(gasato) / 有氣泡的礦泉水
Birra / 啤酒
Vino rosso, bianco / 紅酒、白酒
Liquore / 餐後酒
Coperto / 餐桌費
Mancia / 小費
Panino / 義大利三明治

餐 廳 用 語

Sono vegetariano / vegano.
吃全素 / 是不吃蛋或起司的素食者。

Vorrei questo.
請給我這個(以手去指菜單的某道菜)。

Vorrei ordinare come loro.
我想要點跟他們一樣的菜。

Cosa mi consiglia? / 你可以推薦嗎？

Qual e' la specialita della casa?
你們的招牌菜是什麼？

Basta cosi, grazie. / 這樣就夠了，謝謝。

Avete il menu turisco? / 你們有套餐嗎？

Mi porta il conto, per favore. / 請幫我們結帳。

Conto separato, per favore. / 麻煩分開算。

Il conto e' sbagliato. / 這個帳單的金額不對。

Vorrei riservare un tavolo per 3.
我想預約一張桌子。我們有3個人。

Possiamo ordinare? / 我們可以點菜了嗎？

Puo' portare un piatto / coltello / forchetta /
cucchiaio?
可以多給我們一個盤子/刀/叉/湯匙嗎？

Vorrei un bicchiere di vino? / 請給我一杯酒。

Vorrei un caffé. / 我想要一杯咖啡。

Vorrei una coppa piccola / un cono piccolo
di gelato. / 我想買小杯/甜筒裝的冰淇淋。

購物篇
Shopping

全球精品迷狂追的名牌，多在義大利

講到義大利，古蹟和時尚的魅力，並駕齊驅。世界重要名牌發源地都在義大利，不過除了血拼名牌貨，也有很多別具地方特色的紀念品可買喔！

義大利購物須知

若想便宜購物可選7月、1月折扣季。

義大利的購物區都集中在市中心,尤其是主教堂附近,各種高級、中等價位的商品都排排站任你挑。義大利較不流行百貨公司,最大的百貨是La Rinascente(米蘭旗艦店商品最齊全、規模也最大)及Coin(中價位優質商品),另外還有平價的Upim及OVS。

近年來也相當流行郊區的Outlet購物村,週末時很多義大利家庭會到這類型的商場購物。

義大利平價市集

羅馬
週六跳蚤市場:Viale Trastevere,Porta Portese;二手衣市場:Porta San Giovanni附近;蔬果市場:Campo de' Fiori。

佛羅倫斯
販售紀念品、皮件、蔬果:Mercato Centrale及Mercato Sant'Ambrogio;每月最後一個星期日有機市集:Piazza Santo Spirito;跳蚤市場:Mercato dei Pulci(Piazza dei Ciompi)。

米蘭
週二、六早上古董市集:Viale Papinano(在運河旁);週六跳蚤市場:Viale Gabriele d'Annunzio;每月第三個週六大市集:Via Fiori Chiari;每月最後一個週日古董市集:Alzaia Naviglio Grande、Ripa di Porta Ticinese。

※ 資料時有異動,請以官方公布的最新資料為主

義大利主要百貨公司

Rinascente
這是義大利較有規模的百貨公司,以米蘭分店品牌最齊,另也有食品超市,是購買各種頂級巧克力的好地方。羅馬、佛羅倫斯等大型城市都有分店。羅馬及米蘭商場內設有Global Blue退稅辦公室,可直接透過店內機器辦理自助退稅,更節省時間。
🌐 www.rinascente.it
✉ Piazza Duomo, Milano (米蘭)

Coin
多為中價位產品,在此便可買到優質不貴的中價位居家用品、童裝,設計雜貨也很精采。
🌐 www.coin.it

Upim
較大眾化、平價的百貨公司,各大小城市也都可以找得到。像是羅馬火車站內就有Upim百貨公司。
🌐 www.upim.it

OVS百貨
各年齡層的平價服飾品。
🌐 www.ovs.it

※ 資料時有異動,請以官方公布的最新資料為主

購物篇

義大利著名暢貨中心Outlet

The Mall Firenze(佛羅倫斯)

這應該是義大利最知名、觀光客必訪的Outlet，目前又擴增了好幾個區域，其中包括Tory Burch鞋店。此外，在此購物達€155，還可享退稅。商場內設有市區退稅處，但須7天內離境者才能在此辦理退稅。

http www.themall.it

✉ Via Europa, 8-50060
Leccio Reggello

🕐 10:00～20:00

▲ The Mall直達巴士

➡ 可由火車站旁的BUSITALIA-Florence Piazzale Montelungo搭接駁車，單趟€8，來回€15，每天08:50～17:00，夏季多增一班車，可透過官網預約

▲ Prada及Gucci都有這樣大規模的店面

Designer Outlet Noventa di Piave(威尼斯)

http www.mcarthurglen.com，點選OUTLETS→ITALY
→McArthurGlen Noventa Di Piave

✉ Via Marco Polo 1, Noventa di Piave (VE)

Designer Outlet Castelromano McArthurGlen (羅馬)

http www.mcarthurglen.com，點選OUTLETS→ITALY
→McArthurGlen Romano

✉ Grande Raccordo Anulare di Roma

📞 06 5050050

Barberino Design Outlet(波隆納)

這家Outlet雖不如The Mall有名，但卻也因此較少觀光客，逛來較為舒服。商品種類除了精品外，還包括廚具、運動品牌、中價位品牌，商品種類較多樣。

http www.mcarthurglen.com/it/barberino-designer-outlet

➡ 可由佛羅倫斯搭接駁車前往，車程僅約30分鐘

米蘭Serravalle及瑞士邊境Foxtown Outlet

http www.outletserravalle.it

➡ 米蘭市區有當日往返瑞士邊境Fox Town直達專車

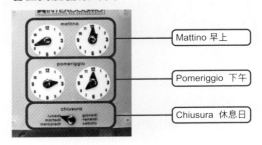

※ 資料時有異動，請以官方公布的最新資料為主

行家祕技 **買報紙、雜誌，拿好康**

義大利的報紙、雜誌出版仍算興盛，車站、書店、街頭隨處可見報攤，便宜的價格就可吸取到各種新訊，尤其是設計類雜誌。另外，有些雜誌也會送相當實用的禮物，想學義大利文者，還可買小朋友的雜誌，裡頭常有一些新奇好玩的小禮物。

貼心 小提醒

看懂商店營業時間

mattino	Mattino 早上
pomeriggio	Pomeriggio 下午
chiusura	Chiusura 休息日

在義大利購物，注意5件事

退稅，精品名牌最划算

在義大利購物，一般含22%營業稅（VAT），在加入退稅聯盟的商店單日消費超過€155，就可以要求店家給退稅單，到機場辦理退稅可退回10%～12.5%的退稅額（另外還要扣手續費）。

營業時間，小店鋪中午休息

義大利商店的營業時間（Orario），通常都會標示在店門口。觀光地區的市中心商店，營業時間是10:00～19:30。非觀光區的商店中午會休息，上午營業時間是10:00～13:30，13:30～15:30午休，下午營業時間是15:30～19:30。

折扣，冬夏折扣時，手腳要快

義大利夏季打折通常是7月第一個週末，冬季大約在1月5日。很多商店一打折，就下到7折或5折，所以精品店都是大排長龍，看到喜歡的最好趕快下手，之後尺寸就會越來越少，開始打折前一週尺寸較齊全，可問店家是否可先給折扣。

購物禮儀，禮多人不怪

■ 買東西時，不要隨便動手摸，尤其是買蔬菜或水果時，義大利不像台灣可以隨意挑來挑去，最好直接告訴老闆你要什麼東西，請老闆拿。至於其他的東西，也要先詢問過再碰。想想也有道理，如果你費盡心思把東西擺得漂漂亮亮的，有人把它弄亂了，你一定也會不高興。

■ 買東西時要有耐心，通常售貨員一次只服務一位客人，也就是說當他正在幫其他客人打包，還沒送走客人之前，就不會先服務其他客人，這也是對每位客人的尊重。

■ 進入店家時，建議可入境隨俗打招呼。義大利人習慣跟店家打聲招呼，早上說早安（Buongiorno），下午以後就說午安（Buona sera），離開時說再見（Arrivederci）。

付款方式，精品店愛用信用卡

一般商店都接受以信用卡付款（旅行支票較不普遍），店門口會有清楚標示。若要刷卡購物，請注意以下4件事：

■ 出國前最好先確認好信用卡的額度、卡片的有效期限。

■ 刷卡後，保留好單據，回國後可核對帳單。

■ 長時間旅行者，出國前不妨辦理網路繳款服務，旅行時也可上網繳費或核對刷卡金額。

■ 使用信用卡消費，會外加1%的國際清算費。店家會問要以何種幣值刷卡結算，歐元較划算，以新臺幣計的匯率較差。

義大利四大城市購物點

　　義大利人生性愛逛街，所以無論城市多小，一定會有一條中心購物街。以下列出義大利四大城市主要購物點：

羅馬

- ■ **精品街**：西班牙廣場前的Via Condotti、Via Cola di Rienzo(中上價位品牌)。
- ■ **大衆商店街**：Via del Corso、Via Nazionale。
- ■ **個性商店街**：Via del Governo Vecchio、Viale Europa、Ponte Sisto到Campo de' Fiori之間。
- ■ **古董區**：Via dei Coronari、Via Giulia、Via del Babuino。

▲ 花之廣場附近有許多優質小店

威尼斯

- ■ **精品街**：Calle Vallaresso、Frezzeria。
- ■ **大衆商店街**：Via Mercerie、Campo San Luca。
- ■ **個性商店街**：San Marco到Rialto的小巷道。

▲ 威尼斯精品街位於聖馬可大教堂對面的巷道(正對面的拱廊後面)

▲ 威尼斯的購物中心T Fondaco，各精品名牌齊聚在這棟古老的建築中

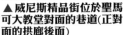

佛羅倫斯

- ■ **精品街**：Via de' Tornabuoni、Via dei Rondi-nelli、Via Vigna Nuova、Via Calimala、Via Por S. Maria、Ponte Vecchio(金飾)、Via de' Panzani、Via de' Cerretani。
- ■ **大衆商店街**：Via dei Calzaiuoli、Via Roma。
- ■ **個性商店街**：Via del Corso。

▲ 佛羅倫斯精品街位於共和廣場的大拱門後面

米蘭

　　大致可分爲主教堂區、Porta Ticinese區、Brera區、Buenos Aries區。

- ■ **精品街**：Montenapoleone、Via Andrea、Via della Spiga。
- ■ **大衆商店街**：Corso Vittorio Emanuele、Via Torino、Corso Buenos Aries。
- ■ **特色商店區**：Ripa di Porta Ticinese、Corso di Como、Via Solferino、Via Brera、Corso Garibaldi。

▲ 米蘭旗艦店的商品通常最齊全，義大利最佳購物城

米蘭購物怎麼輕鬆走

搭地鐵到主教堂Duomo站，走進教堂旁的**艾曼紐二世大道**，這裡有LV、Prada及樓上的米蘭老甜品咖啡館、Gucci及附設咖啡館、Tod's、Stefanel、老書店，走到底還可順便到外面的廣場欣賞著名的史卡拉歌劇院，跟達文西雕像拍照。

接著再鑽回走廊，往主教堂旁邊的步行道艾曼紐二世大道走，首先是義大利百貨界的龍頭老大**La Rinascente**，所有義大利精品幾乎都到齊了，男裝的西裝、領帶、襯衫、皮帶……一樣不少，還有整層樓的精品童裝，居家雜貨設計品、寢具、食品超市、餐廳、髮廊，隔壁棟則多是年輕休閒品牌（由男裝那層樓有通道相連）。

記得退稅，百貨公司內便可辦現金退稅！

大豐收後再回到艾曼紐二世大道，繼續往前走還有Max & Co.、Max Mara、Benetton（羊毛衫好保暖噢，冬季必備）、富麗堂皇的Zara商店、H&M、Banana Republic、Paul & Bear、Disel、Replay、過S. BABILA廣場繼續往前走可看到COS，都是很好買的品牌。

由San Babila廣場，往左前方走，過馬路就是著名的**黃金四邊角**，也就是米蘭的精品街區，Salvatore Ferragamo、LV、Gucci、Armani、Fendi、Hermes、Valentino、Versace、Dior、Celine，叫得出來、你不熟悉的精品，這裡都有！由Monte Napoleone街走到底，在對街的地鐵旁，

艾曼紐二世走廊

La Rinascente百貨　艾曼紐二世大道

黃金四邊角

Corso G. Garibaldi

路線圖請掃這裡

就是Armani的旗艦店，裡面有Armani旗下的所有服裝品牌、咖啡館、餐廳、書店、花店、巧克力店，上面還有Armani旅館。

再往散發著獨特藝術氣息的布雷拉區走，這區有許多個性設計小店，逛累了還可在這裡的Bar享用最道地的米蘭餐前酒。

補充體力後，請繼續往前走到**Corso G. Garibaldi**，這是條氣質步行街。週末夜晚，會看到許多米蘭人拿著酒在街上聊天喝酒，這歡樂的夜氛圍一路延伸到Corso Como小街！

若還有時間的話，還可以搭地鐵到**Corso Buenos Aires**大道，地鐵站Porta Venezia與Lima、Loreto之間，也有許多好逛的中價位及年輕品牌。

Rimowa專賣店

國人愛買的Rimowa專賣店就位於La Rinascente百貨後面，在著名小吃Luini轉角。 ✉ Piazza S. Fedele, 2

購物篇

如何採購伴手禮

酒、皮件、精品名牌、天然保養品是最值得從義大利帶回家的商品。

特色型伴手禮

　　來到義大利，除了觀光區常見的鑰匙圈外，當然要買最具當地特色的紀念品，以下列出四大城市的當地「特產」，供你做購物參考。

米蘭： 現代感的設計商品、服飾及家具

威尼斯： 玻璃製品、面具、蕾絲製品

佛羅倫斯： 皮件、金飾／銀飾、古書／地圖
　　　　　　手工皮雕、藝術品周邊商品
　　　　　　手工紙筆記本、精緻彩繪托盤

羅馬： 古董、古物、紀念T-Shirt

| 路上觀察 | 風行歐洲的義大利獨創品牌 *O Bag* |

　　義大利近年相當流行的O Bag，可自行選搭袋子上的每個部分。另還有太陽眼鏡及手錶，同樣都可自行搭配每個部分，花樣及色彩設計都很棒。

草本保養品大採買

**歐盟對於有機產品標準要求嚴格，
因此有機品牌的精油均可安心購買。**

義大利是歐洲最大的有機商品出產國，在這裡可以好好購買有機商品。台灣人較知道的品牌L'ERBOLARIO，在義大利當地買便宜很多。

另外，像La Saponari是品質相當好的有機天然保養品牌，產品選項又多，絕對要大掃貨。800年歷史的老藥房Officina Profumo Farmaceutica dy S. Maria Novella推出的保養品，完全採用最高級的天然花草，宛如博物館的本店太值得來逛了！

蕾莉歐 L'Erbolario

海藻精華液
Siero Multiattivo

菩提花滋養調理液
(Acqua Aromatica di Fiori di Tiglio)：
專治黑眼圈及眼袋。

植物膠原蛋白滋養面膜
(Maschera di Giovinezza)：
具撫平皺紋的功效。

香水及乳液
Regine dei Prati

SMN老藥局

Sapone Fior d' IRIS香皂
具撫平皺紋的功效。

最值得購買的SMN眼霜
撫平紋路，好吸收。

非常推薦的金盞花乳霜
Cream Calendula
及蜂蜜花粉面霜
Crema al Polline

Zao

雖是法國有機彩妝品牌，但在義大利買也很便宜，品質好，色彩也非常棒，包裝還是特別的竹製設計。

杏仁香皂
招牌商品之一，純粹的杏仁香及滋潤感。

薔薇水
成分純而溫和，還可做成面膜來敷臉。

La Saponaria

天然萃取保養品，成分極優，目前只在歐洲買得到。面霜、洗髮精必買外，維他命C、膠原蛋白精華液、Acido ialuronico抗老精華液等也相當推薦，另還有適合青少年預防痘痘、黑頭粉刺的Niacinamide + Zinco。

這麼美的藥妝店，不買都要來看，現還擴增了花草茶茶室(tea room)

購物篇

蜂膠 Propoli

蜂膠是蜜蜂從植物枝芽萃取的天然樹脂，具抗菌、抗黴、抗病、調節免疫力的效用。成人可購買膠囊包裝，或滴液的Propoli idroalcolica，另還有兒童較能接受的橙橘蜂膠Propoli all' arancia。

噗噗莉香甕

以各種花草製成的芳香甕，也是SMN的招牌商品。除了大瓶陶甕，也推出方便攜帶的小陶甕及香包。

薇莉達WELEDA

雖然不是義大利品牌，但是品質相當棒的有機保養品，在義大利買也便宜。尤其推薦較清爽的甜杏仁緩敏修護乳Almond Soothing Facial Cream及Calendula金盞花香皂。

玫瑰麝香的香皂

托斯卡尼地區的品牌Derbe，尤其推薦這個香氣及Rosa e Mora玫瑰麝香的香皂。

Oro Veneziano

威尼斯之永恆全效緊緻黃金精華液及抗痕淨斑黃金霜：台灣人瘋購的保養品。主要成分為龍血樹血褐、洋甘菊精華、玻尿酸及六胜肽，能有效消除皺紋、減少斑點與膚色蠟黃問題。（購買地點：Segreti di Bellezza威尼斯蕾莉歐／S. Marco, 1047，由聖馬可廣場步行僅約5分鐘）

貼心 小提醒

哪些東西跟台灣差價少，不必扛

- **Nutella榛果醬：**台灣超市也都買得到。
- **illy及Lavazza咖啡粉：**台灣大商場也可買到，價差不大。
- **燉飯料理包：**雖然可帶回家簡單料理，但畢竟是進過工廠的加工品，倒不如買些乾的牛菌菇回家做燉飯，更為健康美味。

行家祕技　超市怎麼買水果

1 Step 水果區提供塑膠袋及手套。

2 Step 每種蔬果都標號。

3 Step 選好水果拿到磅秤上，按該種水果的號碼。

4 Step 將列出的標價貼在塑膠袋上。

5 Step 最後再到櫃檯結帳。

▲ 最推薦的超市是Coop，產品品質較好

最值得購買的特產

TOP 1 精品名牌

▲ 最值得購買的義大利特產，價差大

TOP 2 天然保養品

▲ 義大利出產、品質有保障

TOP 3 皮件

▲ 百年工藝技術的好口碑

TOP 4 雜貨設計品

▲ 實用的居家雜貨

TOP 5 酒醋及橄欖油

▲ 橄欖油以托斯卡尼地區最佳、葡萄酒醋則是Modena地區12年以上尤佳

義式香料

▲ 可買些台灣較少見的麵醬，肉醬及青醬台灣也方便買到，可以留空間扛其他東西

玻璃製品

▲ 威尼斯玻璃製品

有機花茶

▲ 推薦購買當地產的花草茶

鰻魚罐頭

▲ 帶回家做前菜

太陽眼鏡

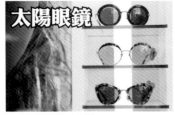

▲ 樣式新潮又多樣

泳衣及內衣

▲ 義大利設計的樣式較多元

鞋子

▲ 鞋款好，質料也棒

購物篇

松露薯片

▲ 有機超市可買到這款超好吃的薯片（可到Eataly超市或有機超市NaturaSi購買：www.naturasi.it）

葡萄酒

▲ 義大利葡萄酒品質好、價格又便宜，當然要帶回家，較好的酒大約€15，品質一般的酒都在€10以內，建議可購買紅、白酒及Asti氣泡酒。但限於關稅，每人只能攜帶2～3瓶

辣味果醬

▲ 適合與起司搭配著吃，尤其推薦PERA西洋梨口味

雜貨店掃貨特輯

推薦老雜貨店：佛羅倫斯La Pegna

優質咖啡粉

Amedei及Baci巧克力

號稱精品級牙膏

松露產品

乾牛菌菇

可愛包裝水果糖

氣泡酒及檸檬酒

摩卡壺

Pegna自有品牌茶包

義大利知名品牌

義大利精品名牌多，其中重點中的重點可說是：Prada、BV、Ferragamo及Tod's鞋。

Prada、miu miu
購買重點：長夾、包、鞋

Gucci
購買重點：包、皮夾

Salvatore Ferragamo
購買重點：鞋、絲巾

Tod's
購買重點：豆豆鞋

Stefanel
剪裁優雅大方，適合上班族

Max & Co.
優雅甜美的風格，適合各個年齡

Furla
購買重點：皮夾、小肩包

Armani
購買重點：男女服飾

Bottega Veneta
購買重點：皮夾、包

Ermenegildo Zegna
購買重點：男西裝、皮帶

KIKO
義大利的平價化妝品牌

Fendi

Dolce & Gabbana

The Bridge
購買重點：醫生包、皮夾、皮帶

Diadora Heritage
充滿復古感的義大利經典球鞋

購物篇

如何辦理退稅

Tax refund 退稅 | Dogana Customs 海关

Global Blue

抵達機場後依循退稅標示前往退稅櫃檯辦理

在義大利購物最大的好處是可退稅，雖然退稅門檻高，但退稅比率算是較高的，讓人覺得精品是買到賺到，不買可惜！但並不是每家店都可以辦理退稅，來看看退稅資格及如何突破機場排隊長龍，成功退稅。

行家祕技　退稅好便利

現在退稅公司多提供APP或線上估算退稅金額及追蹤退稅進度的服務。羅馬及米蘭的La Rinascente百貨公司均設有Global Blue的官方辦事處，這兩家分店的精品品牌齊全，若在此消費退稅，可透過自助機器辦理，更節省時間。

退稅資格

Global Blue TAX FREE

■ 需在加入退稅公司的店家消費，目前義大利最常見的退稅公司包括Global Blue、Planet、TaxRefund三家。Global Blue算是最普遍常見的退稅聯盟，信用卡退稅速度也最快

■ 當日消費金額須超過154.95歐元。

■ 退稅單開出後3個月內可辦理退稅，這表示你必須在3個月內離境辦理好退稅。

■ 購物時需出示護照或護照影本，填寫個人資料、英文地址、護照號碼。

■ 確認退稅單資料是否正確，有些店家會將國籍打爲China，必須爲「158-Taiwan」才能成功退稅，資料錯誤務必當場請服務人員更正，或到該退稅公司的市區辦公室請他們與店家聯繫修改資料。

特殊狀況

狀況① 眼看就要登機，但現金退稅隊伍卻排得很長

遇到這種情況者，可將退稅單（含收據）正本放進退稅信封中，投入海關旁的信箱。但請記得拍照留存，以備將來追退稅用。

狀況② 退稅公司未在機場設立退稅櫃檯

遇到這種情況者，則請填好信用卡卡號及信用卡到期日(在商店購物結帳時，應已填好購買人姓名、英文住址、護照號碼)，將信封封好，投入海關旁該退稅公司的信箱中，記得拍照留存，以備將來追退稅用。**(羅馬機場的海關旁，只有Global Blue、Tax Refund及Premiere這三種退稅櫃檯)**

如何辦理退稅

　　退稅一般在離開歐盟的最後一個機場辦理，或可選擇在市區退稅處先辦好退稅（可在該退稅公司的官方網站查詢就近的辦事處，通常與當地的匯兌所合作）。

　　由於義大利羅馬及米蘭機場退稅隊伍通常很長，強烈建議採市區退稅，抵達機場後，直接走快速通道將退稅信函交予退稅公司櫃檯。

▲市區有些匯兌處若貼有 VAT Refund的標示便可辦理市區退稅

▲退稅公司人員要求到海關處檢查，才需要持退稅單取得海關蓋章

行家祕技　過邊境到瑞士購物，如何退稅

　　若是搭乘米蘭的Fox Town專車前往，經過邊境時會停在海關處讓需要退稅者出示商品及退稅單，取得邊境檢驗官的蓋章(Boarder Police Stamp)。

市區退稅辦理步驟

Step 1 持退稅單辦理

　　持退稅單到該退稅公司的市區辦公室辦理市區退稅，但前提是，離境時間必須是14天內才可辦理。

Step 2 選擇退稅方式

　　辦理市區退稅可選擇信用卡退稅（不收手續費）或現金退稅（每筆扣3歐元以上，視單品價值而定），有些市區退稅只能選擇現金退稅。辦好市區退稅後，服務人員會將退稅單放在信封裡，並在信封蓋上「Early CC Refund」的字樣。

Step 3 機場繳交退稅單

　　抵達機場後，持退稅資料、退稅商品、護照走市區退稅快速通道，出示電子機票或線上劃位的電子登機證，繳交退稅單（服務人員會要求看機票資料）；或者直接在自助辦理退稅的機器掃描退稅資料，完成退稅手續。

Step 4 蓋退稅章、託運行李

　　櫃檯服務人員沒要求你到海關處蓋章，即會收回單子，完成退稅。辦好退稅後，再到航空公司櫃檯辦理登機手續及託運行李。

貼心 小提醒

市區辦理退稅注意事項

　先在市區辦理退稅者，務必在最後離境機場繳回退稅單，否則會從信用卡中加倍扣回退稅金額！

　辦理時可順便詢問服務處，離境機場內該退稅公司快速通道的所在位置。

　目前海關檢查採抽查方式，單價較高、或剛好被抽到，才需要持退稅單子及商品至海關處，海關檢查沒問題後蓋章，再回到退稅櫃檯辦理退稅。

　信用卡退稅，Global Blue通常一週內退入信用卡，其他退稅公司約1個月。

購物篇

機場退稅辦理步驟

Step 1 持退稅單辦理

持退稅單、商品、電子機票或線上劃位的電子登機證,至退稅處VAT Refund辦理退稅。不同退稅公司或非義大利消費的退稅單據,須排不同隊伍。有同行者,建議一人專填一家退稅公司的資料,抵達機場後可分開排隊辦理。

＊Global Blue目前均設有自助辦理機器,掃描護照與電子登機證即可。建議48小時前先辦理線上劃位,取得電子機票。

Step 2 選擇退稅方式

持退稅資料、退稅商品、護照在櫃檯辦理退稅,可選擇現金(會收取手續費)或信用卡(無手續費,但匯率可能較差)退稅。

Step 3 蓋退稅章、託運行李

櫃台服務人員沒要求到海關處蓋章,會直接收回退稅單完成退稅程序。辦好退稅程序後,再到航空公司櫃檯辦理登機手續及託運行李。

機場辦理退稅注意事項

若已經快來不及登機了,建議採託運行李者先到航空公司辦理登機手續,入關後,再到裡面的退稅處辦理退稅,同樣不需先經海關蓋章,櫃檯人員要求你到海關處接受檢查才需要。

若有液體類的退稅品,只能放在託運行李中。

建議提早3小時到機場辦理退稅。現在持台灣護照可走快速通關出入境,省掉檢查護照的排隊時間,但還是要預留排隊辦理登機及檢查隨身行李的時間。

給海關檢查的商品需看起來沒用過,高單價商品,如手錶,記得帶著產品保證書。

指指點點義大利文

購物單字

Macchina del caffe	咖啡機
Moka	摩卡壺
Cosmetici, Profumi	化妝品、香水
Biologico, Bio	有機商品
Tonico, Struccante	化妝水、卸妝乳液
Crema contorno occhi	眼霜
Detergente per viso	洗面乳
Crema corpo	身體乳液
Sapone, Bagno scheuma	香皂、沐浴乳
Crema giorno, Crema notte	日霜、夜霜
Shampoo, Balsamo	洗髮乳、潤髮乳
Olio essenziale	精油

購物用語

Vorrei comprare questo.
我想要買這個。

Posso provare?
我可以試穿嗎?

Dov'e' il camerino?
請問試穿室在哪裡?

Quanto costa?
這個多少錢?

C'e' lo sconto?
有折扣嗎?

C'e' una misura piu' piccola?
有小一點的尺寸嗎?

Ci sono altri colori?
請問有別的顏色的嗎?

Si puo' fare tax free?
可以退稅嗎?

Mi puo fare un pacchetto regalo?
可以幫我包裝嗎?

Dov'e' lo sportello tax free?
哪裡可以退稅?

Vorrei il rimborso su carta di credito.
我要信用卡退稅。

Vorrei il rimborso in contanti.
我要現金退稅。

玩樂篇
Sightseeing

到義大利，去哪裡觀光看名勝？

義大利是歐洲文化相當重要的寶庫，處處是古蹟，每個大小城市鄉鎮都自有其
特色，恬靜的、熱情的、悠閒的義大利風情，等你來探訪！

觀光路線建議

玩義大利至少需要幾天？10天，2週最理想。

由於義大利的地理狹長，如果只有10天假期(扣除飛行時間，只剩8天)，建議選擇中北義或中南義遊玩，這樣就不會花太多時間在交通上，否則可善用義大利國內飛機或火車夜車，重點式遊玩。在此列出各城市觀光重點，各城市經典行程規畫請參見後面的義大利必玩景點。

▲ 風景如畫的Dolomiti山區夏天適合避暑，冬天則可滑雪

義大利10天經典行程

天數	城市	觀光重點	住宿
Day1	台灣→羅馬		機上
Day2	羅馬	花之廣場、競技場、威尼斯宮、許願池、波爾各賽美術館(需先預約)、西班牙廣場及精品街區逛街或越台伯河區、真實之口	羅馬
Day3	羅馬	聖彼得大教堂、梵蒂岡博物館、聖天使堡、那佛納廣場、萬神殿	羅馬
Day4	羅馬→托斯卡尼＋The Mall Outlet	可停：奧維多或天空之城Montepulciano、Pienza、Montacino(買酒)、San Quirico d'Orcia(用餐)、Bagno Vignoni溫泉鎮＊若想多留點時間在托斯卡尼，羅馬可少一天。	Siena、Bagno Vignoni或Montepulciano
Day5	佛羅倫斯	主教堂、烏菲茲美術館、舊橋、彼提宮、米開朗基羅廣場	佛羅倫斯
Day6	佛羅倫斯→威尼斯	建議搭火車(聖馬可廣場、布拉諾島、貢多拉)	威尼斯
Day7	威尼斯→米蘭	花神咖啡早餐、高岸橋、魚市場周區午餐、學院美術館、海關現代藝術館；可停：維諾那	米蘭
Day8	米蘭	主教堂、最後的晚餐、黃金四邊角、布雷拉美術館、運河區	米蘭
Day9	米蘭→搭機回台	機場退稅	機上
Day10	溫暖的家		

玩樂篇

綠線：北義行程參考路線
藍線：南義行程參考路線

米蘭(Milano)　威尼斯(Venezia)

比薩(Pisa)　佛羅倫斯(Firenze)

西耶納(Siena)　托斯卡尼(Toscana)

溫布里亞(Umbria)

羅馬(Roma)

▲ 雷切——充滿巴洛克風格建築的古城

▲ 水都威尼斯

▲ Puglia省的蘑菇村Alberobello

▲ 每年2月威尼斯嘉年華會魔幻登場

阿貝羅貝羅(Alberobello)

拿坡里(Napoli)　馬泰拉(Matera)

龐貝(Pompeii)　蘇連多(Sorrento)

卡布里島(Capri)　阿瑪菲海岸(Amalfi)

雷切(Lecce)

▲ 托斯卡尼的鄉間風光

▲ 義大利許多教堂都是免費開放參觀的藝術寶殿

▲ 中小型城市相當適合夜間出遊(波隆納)

▲ 以藍洞聞名的卡布里島

行家祕技

必看藝術作品&必訪偉大建築

　　以下列出筆者認為拜訪義大利錯過可惜的藝術作品及偉大建築，提供大家安排行程時參考：

五大必看藝術作品
■ 米開朗基羅的西斯汀禮拜堂《最後的審判》及《創世紀》(梵蒂岡博物館)
■ 拉斐爾室的《雅典學院》(梵蒂岡博物館)
■《維納斯的誕生》(烏菲茲美術館)
■《春》(烏菲茲美術館)
■ 喬托濕壁畫(帕多瓦斯克羅威尼禮拜堂、阿西西聖方濟各大教堂)

五大必訪偉大建築
■ 梵蒂岡聖彼得大教堂
■ 米蘭大教堂
■ 羅馬競技場
■ 羅馬萬神殿
■ 威尼斯聖馬可大教堂

其他也值得參訪的建築遺跡
　　比薩斜塔建築群、羅馬納佛那廣場噴泉、羅馬許願池、佛羅倫斯百花聖母大教堂、米蘭墓園等

　　不想走路者，可考慮購買隨上隨下的觀光巴士，尤其是羅馬城最為適合；不想花時間搭當地巴士者，則可考慮參加當地行程(向旅館櫃檯詢問)，各青年旅館也多有合作的低價行程，或可到KKday或Klook這類的網站訂購行程，其中包括托斯卡尼一日行程、騎馬逛葡萄園等；想深入旅遊則可參加當地的導覽，如美食行程或單車導覽行程。

行家
祕技 **每月第一個週日免費參觀**

　　每個月的第一個週日可免費參觀所有國立的博物館、美術館，現場排隊，當然要有心理準備，熱門景點的隊伍很長。

義大利14天經典行程

天數	城市	觀光重點	住宿
Day1	**台灣→米蘭**		機上
Day2	**米蘭**	最後的晚餐(需先預約)、主教堂、艾曼紐二世走廊、艾曼紐二世大道、精品街區、布雷拉美術館、運河區	米蘭
Day3	**米蘭→威尼斯**	可停：維諾那，購買24小時有效的船票；布拉諾島、穆拉諾島、夜遊大運河	威尼斯
Day4	**威尼斯**	聖馬可大教堂、總督府、精品街、貢多拉遊運河、高岸橋、學院美術館、佩姬古根漢美術館、海關現代藝術館	威尼斯
Day5	**威尼斯→佛羅倫斯**	主教堂、烏菲茲美術館、舊橋、彼提宮、米開朗基羅廣場	佛羅倫斯
Day6	**佛羅倫斯→比薩及(或)五鄉地**	早上逛中央市場，接著搭火車到比薩及(或)La Spezia 搭火車遊五鄉地各小鎮	佛羅倫斯
Day7	**佛羅倫斯→托斯卡尼＋Outlet**	建議：租車(佛羅倫斯機場取、羅馬還車) The Mall Outlet、San Gimignano、Siena、Bagno Vignoni 泡溫泉、Pienza、Montepulciano	Siena或 Montepulciano
Day8	**托斯卡尼→羅馬**	奧維多及天空之城(Bagnoregio) 羅馬：西班牙廣場、精品街區	羅馬
Day9	**羅馬**	花之廣場、競技場、威尼斯宮、許願池、波爾各賽美術館(需先預約)、越台伯河區	羅馬
Day10	**羅馬→龐貝→蘇連多**	龐貝、蘇連多	蘇連多或 卡布里島
Day11	**阿瑪菲沿岸＋卡布里島→羅馬**	卡布里島、波西塔諾、阿瑪菲、拉維洛	羅馬
Day12	**羅馬＋梵蒂岡城**	聖彼得大教堂、梵蒂岡博物館、那佛納廣場、萬神殿	羅馬
Day13	**羅馬→搭機回台**	機場退稅	機上
Day14	**溫暖的家**		

＊米蘭附近的大湖、奧爾他湖(Orta)、科摩湖都很漂亮，喜歡自然風光者，米蘭可多停留一天到周區遊玩。或往北玩Dolomiti山區，尤其推薦Bolzano北部的Reno區(可搭纜車上山，搭配小火車旅遊該區)。
＊Puglia區的蘑菇村Alberobello及馬泰拉(Matera)都是很特別的地方，有興趣也可從阿瑪菲海岸延伸過去。

玩樂篇

紫線：義大利14天經典行程
橘線：義大利21天經典行程

波扎諾(Bolzano)

米蘭(Milano)　威尼斯(Venezia) 帕都瓦(Padova)

維諾那(Verona)

都靈(Torino)

熱那亞(Genova)　波隆納(Bologna)

五鄉地(Cinque Terre)　托斯卡尼(Toscana)

比薩(Pisa)　佛羅倫斯(Firenze)

西耶納(Siena)

溫布里亞(Umbria)　羅馬(Roma)

拿坡里(Napoli)

龐貝(Pompeii)　蘇連多(Sorrento)

卡布里島(Capri)　阿瑪菲海岸(Amalfi)

巴勒摩(Palermo)　梅西那(Messina)

西西里島(Sicilia)　陶爾米納(Taormina)

卡塔尼亞(Catania)

錫拉庫沙(Siracusa)

▲ 秋季的維諾那

▲ Garda沿岸有許多獨特的湖濱小鎮，並有很棒的溫泉公園

▲ 波隆納

▲ 托斯卡尼　　▲ 湖區小鎮

▲ 西西里島　　▲ 五鄉地

義大利21天經典行程

　　如果你有21天的長假，那麼除了14天經典行程外，還可以安排以下城市。

城市	觀光重點
溫布里亞	美味老山城奧維多、大學城佩魯吉亞、聖城阿西西，也都是很值得一遊的小城鎮。
五鄉地	可在此過夜，喜歡健行者，可安排一天的健行行程。
都靈	途經美麗的濱海城市Portofino，或低調的華麗熱那亞。都靈這神祕的魔法城市，超乎意外地有趣。
米蘭家具節及湖區小鎮	若是4月家具節期間到訪，可多留幾天參觀這場設計盛宴。但要記得先訂房，這是超熱門時段。此外像科摩湖及大湖區與奧爾他湖附近也有許多美麗的小鎮。
維諾那	義大利最浪漫、優美的城鎮，6～9月的歌劇季是最佳的拜訪季節，可住一晚。
Dolomiti山區 / Garda湖區	Dolomiti山區擁有壯麗的阿爾卑斯山風景，山腳下的Garda湖區則有多座獨特的小鎮與溫泉區。
波隆納	義大利美食之都，有著歐洲第二古老的大學，整座城市充滿著活力。
西西里島	古文明中心錫拉庫沙、迷人濱海山城陶爾米納、萬花筒般的首府巴勒摩，都是西西里島最經典的城鎮。有時間還可以到愛奧尼亞島或San Vito Lo Capo、Cefalù悠閒度假。去程可搭火車到西西里島，體驗火車進船的特殊玩法，回程搭渡輪到拿坡里。

羅馬

Roma

無論你從哪一個方向搭火車進羅馬城，當火車開始進入羅馬市區時，兩旁的牆面開始出現各種塗鴉，仰起頭，看到越來越多的小天線與羅馬天空競逐。這樣的市容絕對稱不上美觀，甚至有點破敗，來羅馬，不要期待巴黎般的華麗，羅馬城自有羅馬城的個性與魅力。這種魅力在於積著厚塵的古老雕像裡的老氣橫秋，也在老石頭路反射的夕陽餘輝中。

《同男孩》片尾曲《Fly Away》這樣寫道：「投下許願池的銅板 也許就能改變一切 騎著單車稱霸巷弄間 我的小世界」你的羅馬城，讓你用一腳一印來稱霸吧！

交通　羅馬市區交通網完善，包括地鐵、公車、電車，詳細資訊請參見交通篇P.64。

必吃　烤羊排、起司胡椒麵(Cacio e Pepe)、朝鮮薊、牛雜三明治、羅馬口袋餅(trapizzino)、燉牛尾(coda alla vaccinara)、培根蛋麵(spaghetti alla carbonara)。

必訪　競技場、萬神殿、許願池、梵蒂岡博物館、聖彼得大教堂、那佛納廣場及花之廣場周區購物、西班牙廣場、越台伯河區、週日的Porta Portese跳蚤古董市集。

羅馬重要地鐵站

地鐵站	周邊景點
COLOSSEO	羅馬競技場、議事廣場、威尼斯廣場、真實之口、馬爾他騎士團鑰匙孔
BARBERINI	巴貝里尼廣場、許願池、萬神殿、帕納瓦上的聖母瑪麗亞教堂、那佛納廣場
SPAGNA	西班牙廣場及精品街，由萬神殿或許願池開始走逛，沿路相當有趣
OTTAVIANO SAN PIETRO	梵蒂岡城(聖彼得大教堂及梵蒂岡博物館)、聖天使堡

作者最愛的散步路線

玩
樂
篇

DAY 1

※ 路線圖請掃這裡

 09:00 羅馬Termini火車站

辦TIM卡、旅遊資訊中心拿地圖或買Roma Pass(不一定要買)。

 10:00 旅館check-in

 11:00 花之廣場

羅馬著名的市集，廣場上為美麗的蔬果及特產小攤，也是傍晚喝餐前酒的最佳地點。附近有許多特色小店。

 12:00 午餐

周區有許多餐廳，可在此用餐或到廣場上的烤餅店買鹹餅吃(Forno Campo de' Fiori)，或Sto Bene小餐館享用最棒的義式三明治(尤其是松露口味)及Buddy蔬食餐廳(晚上時有爵士表演)

 14:00 羅馬競技場 (Colosseo)

羅馬最著名的地標，原為古羅馬時期的圓形鬥獸場，建築本身為羅馬建築的代表。旁邊的白色拱門為君士坦丁凱旋門，上面的浮雕記錄當時輝煌的戰史。(詳細介紹及特殊導覽請參見P.150)

 16:00 波爾各賽美術館

這應該是羅馬最重要的美術館之一，位處羅馬幽靜的綠園區內。1樓最重要的作品是Canova以拿破崙的妹妹Pauline為模特兒所塑造的坐臥雕像，相信所有看過這尊雕像的人，都不得不拜倒在她的石榴裙下。另外還有貝里尼的《阿波羅與達芬妮》、提香的《聖愛與俗愛》、拉斐爾的《卸下聖體》、卡拉瓦喬的《拿水果籃的少年》及《提著巨人頭的大衛》。

 18:00 Via del Corso及Via dei Condotti 購物

威尼斯宮前的Corso為大眾商品街，轉往西班牙廣場的Condotti則為精品街，並有羅馬著名的希臘咖啡館(創立於1760年)。

 19:00 西班牙廣場(Piazza di Spagna)

由於這裡曾為西班牙大使館領地，因此這137階洛可可風格的階梯，名為「西班牙階梯」。頂端的哥德式雙子塔教堂為「山上的聖三一教堂」。廣場前有個破船噴泉，為羅馬人同心合力的象徵。噴泉的水可以飲用。

**晚餐：Osteria Margutta或
La Carbonara**

　　這家餐廳位於西班牙廣場旁迷人的Margutta街上。羅馬假期電影中的男主角，就是住在這條充滿老羅馬風情的街道。餐廳附近還有家大理石工坊，可選塊大理石刻字紀念，或到最著名的La Carbonara享用羅馬經典的培根蛋義大利麵。

 許願池夜拍、回旅館

　　澎湃的水聲在海神腳下奔流，駕著戰車的海神立於其中，飛揚的衣帶、急湧的海浪，展現出一股無人能擋的氣勢。而腳下兩匹奔馳的駿馬及鼓著臉頰用力吹號角的使者，彷彿在告知著某件驚天動地的大事即將降臨。

 豆知識

羅馬許願池 Fontana di Trevi

　　原文中「Trevi」的「tre」在義大利文是「三」的意思，「vi」則是「街」(via)的簡寫，因為這座噴泉就位於三條街的交接處，因此取名為「Trevi」。

 貼心 小提醒

務必注意隨身物品

　　目前許願池可說是人山人海，總是得卡位拍照，務必注意隨身物品。附近也有不少美味的冰淇淋店。

**行家
祕技** ## 夜遊羅馬

　　在燈光照耀下的羅馬城，掩去了灰塵與霸氣，多了迷人的撩媚。大景點的遊客還是很多，可別因為害怕，錯失了羅馬美麗的夜景。建議可以先到西班牙廣場及破船噴泉，接著繼續走向許願池及那佛納廣場的四河噴泉，然後沿著廣場側面的老巷子走到Bar del Fico，小歇後再到聖天使橋看城堡夜景及河景，從城堡側面直走就是聖彼得大教堂，聖彼得廣場在燈光的照耀下，益顯這座教堂的神聖光輝。

　　逛累的話，附近的Fonclea音樂酒吧，雖然是在梵蒂岡城附近安靜的住宅區，但晚上卻人氣很旺，有點城中祕地的感覺。

玩樂篇

DAY

※ 路線圖請掃這裡

`09:30` **聖彼得大教堂 (Basilica di San Pietro)**

　　1626年完工的聖彼得大教堂，為天主教的信仰中心，位於教宗及教廷所在的梵蒂岡城內。進入教堂後可看到米開朗基羅的聖殤像，還可爬上屋頂鳥瞰梵蒂岡及羅馬城。(詳細介紹請參見P.151)

 梵蒂岡博物館 (Musei Vaticani)

　　全球最重要的博物館之一，收藏義大利大師的重要作品，最著名的為拉斐爾室及米開朗基羅的西斯汀禮拜堂。(詳細介紹請參見P.151)

`13:00` **午餐**

　　梵蒂岡城外Via Cola di Rienzo街上有著名的老熟食店Castroni午餐後，可順遊聖天使堡，欣賞聖天使橋上的雕刻。

`15:00` **納佛那廣場 (Piazza Navona)**

　　這座歡樂的廣場上有三座美麗的噴泉，出自著名雕刻家Bernini之手，其中最著名的為四河噴泉。由於當時認為世界只有四個洲，於是貝里尼以各洲的代表河流雕塑出其象徵雕像：尼羅河(代表非洲：頭部遮住，因當時尚未發現源頭)、布拉特河(代表美洲：禿頭)、多瑙河(代表歐洲：轉身穩住方尖碑)、恆河(代表亞洲：一副悠哉、輕鬆樣)。

 萬神殿
米內瓦上的聖母瑪利亞教堂

　　古羅馬時期至今屹立不搖的代表性建築，其精湛的建築藝術，為歷代建築師的朝聖地。建築本身牆厚7公分、拱頂高46公尺，巨大的大穹頂(直徑與高度都是43.3公尺)雖然是厚重的混凝土，卻完全不需任何拱柱支撐，這全拜完美的建築力學所賜；而中間直徑9公尺的天眼，提供整個神殿足夠的光源，不需再打造任何窗戶。無可挑剔的結構，素有「天使的設計」之稱。拉斐爾及義大利國王艾曼紐二世都埋葬在此。

　　萬神殿後方的聖母教堂，可看到拉斐爾的作品。

`16:30` **金杯咖啡、Giolitti 或 Fiocco di Neve冰淇淋店**

　　羅馬著名的咖啡館及教宗也愛的冰淇淋店，都在萬神殿附近。

`17:30` **鑰匙孔窺三國**

　　真理之口不遠處的山坡上，由馬爾他騎士別墅鑰匙孔一次遊三國：馬爾他騎士團國、梵蒂岡、及義大利。

`19:00` **花之廣場購物及晚餐，或到越台伯河晚餐，也可參加夜遊羅馬行程**

`21:00` **聖彼得堡大教堂夜景及現場音樂酒吧**

請詳見P.146「夜遊羅馬」。

有時間也可以順遊的景點

　　真理之口、大浴池、勝利聖母教堂、到越台伯河區用餐及逛獨立小店。或者可到米開朗基羅「摩西像」的鎖鏈聖彼得教堂、以修道士骨骸裝飾的骨骸寺、擁有夢幻鏡廳及絕佳藝術收藏的Palazzo Doria Pamphlij、及Zaha Hadid將廢棄的軍工廠改造的獨特MAXII現代美術館，除了可在此欣賞當代藝術外，也很適合來趟親子藝術之旅，由人民廣場搭車過來還會行經兒童博物館。

▲ MAXII現代美術館

Porta Portese週日跳蚤古董市集

　　每週日從早上到14:00，在Porta Portese城門有個相當大的市集，靠近城門這區多為平價的生活用品、衣物，價格相當便宜，是個提袋率極高的市集。

　　走到快到底往右轉，則是最有趣的古物區，可挖到各式各樣的優質老物，燈具、老櫃子、畫作等等，絕對會讓人逛到失心瘋(若想直奔這區可定位Ippolito Nievo電車站)。

行家
祕技 ## 吃在Mercato Testaccio市場

　　這是老饕們口中的羅馬美食殿堂。市場內最熱門的是15號攤位的Mordi e Vai 牛雜三明治；另一家非常推薦的則是22號的Casa Manco，這裡的披薩採用義大利優質的有機麵粉長時間發酵後烤製而成；而90號的麵包店，除了披薩等鹹點外，還可買到有機橄欖油及葡萄酒；若想選購義大利優質酒，那麼7號攤的Sfusi當然是首選。市場附近有家1930年開業至今的老餐廳Felice a Testaccio，可吃到羅馬特色菜黑胡椒起司麵，市場外廢棄的屠宰場，現在則轉為藝術區。

1.Mercato Testaccio市場 / 2.市場內最熱門的牛雜三明治Mordi e Vai / 3.健康蔬食店Zoe / 4.很推薦的披薩店Casa Manco

玩樂篇

Aquamadre Hammam 古羅馬浴場體驗

浴場為古羅馬社會最重要的社交場所，現在來到羅馬，除了參觀古遺跡遙想當年外，依然可以在這處僻靜的羅馬浴場，體驗千年前的浴池文化。

http www.acquamadre.it

Palazzo Doria Pamphlij 博物館

位於購物街Via del Corso街上的Palazzo Doria Pamphlij博物館，不但有著豐富的收藏，內部設計更是令人驚豔！(門票含免費語音導覽)

 豆知識

越台伯河區Trastevere

越台伯河區是羅馬最有趣的小區之一，顧名思義就是要越過台伯河(Trans Tiberim)才能抵達的區域，自古即多元文化融合，曾為猶太人、敘利亞人的聚居地，至今仍吸引各地藝術家、文學家在此定居，許多國際學校也設於此，加上這區仍保留蜿蜒的小街巷與古老房舍，美食餐廳、酒吧雲集，一入夜或週末時，當地居民、遊客會蜂擁至此享受越台伯河區獨有的迷人氣圍。

另外，也推薦參觀這區的越台伯河聖母大殿，此為羅馬最早獻給聖母的教堂(西元4世紀)，據傳當時地面不斷冒出油，被視為昭告救世主降臨的神蹟，內部及鐘樓仍保留精湛的中世紀馬賽克鑲嵌畫。

1.越台伯河聖母大殿為羅馬最早獻給聖母的教堂

競技場

雖爲殘忍的戰俘鬥獸場，但建築的宏偉，卻也不禁令人佩服，且當時僅以8年的時間建造，卻能堅立2千多年的時間。據考古研究，聰明的羅馬人當年有可能是分開建造不同的拱門區塊後，再組合起來，才能如此快速完工。整座橢圓形建築共有80座拱門，外層再以三層不同的希臘石柱裝飾。共可容納5萬多名觀眾，早在1世紀時，他們就知道讓這麼多觀眾按照拱門上的編號，依序迅速入座。

1.競技場的票也可參觀帕拉迪歐丘及議事場 / 2.由第三層可鳥瞰整座競技場及議事場

地下及觀景層導覽團

這是相當熱門的導覽團，唯有參加這個團才有機會進入一般無法參觀的地下室，了解當時的鬥獸是如何運到上面的，並可從第三層鳥瞰整座競技場及議事場。這種票48小時有效，可參觀帕拉迪歐丘及帝國議事場。

🌐 www.coopculture.it

💲 競技場門票為€18，24小時有效票，也可參觀帕拉迪歐丘及帝國議事場；含地下層門票為€24(Full Experience + Arena and Underground)，48小時有效票，也可參觀帕拉迪歐丘及帝國議事場；另還有夜間票及晨間票。持羅馬觀光通行證(Roma Pass)也可參觀競技場，預約費為€2。也可當天在現場購票處詢問是否還有空餘時段，購票處位於Largo della Salara Vecchia與iazza del Colosseo

🕐 導覽時間為60分鐘

ℹ️ 1.一個月前才開放網路預訂下一個月的導覽團(通常是前一個月的月初，需至訂購網頁查看)
2.同一場導覽團，每人最多可預約6個位置。英文團若訂不到，也可嘗試訂義文團，若大部分人為外國人，還是會以英文導覽
3.預訂為實名登記，需於預訂時間的15分鐘前抵達現場，並出示身分證明，姓名不相符者無法入場及退票
4.第三層目前暫時關閉整修

玩樂篇

聖彼得大教堂+梵蒂岡博物館

雅典學院

聖彼得大教堂

聖彼得大教堂原本是暴君尼祿的大競技場，這裡同時也是西元64年時聖彼得的受難地。西元324年時，君士坦丁大帝下令在此蓋教堂，但到了15世紀教堂嚴重毀壞而被拆除，15世紀中才命布拉曼特及米開朗基羅等人修建教堂，於1626年全部完工。高132.5公尺的大圓頂就是米開朗基羅的大作，教堂裡還有他25歲的作品《聖殤》。

梵蒂岡博物館

博物館內除了收藏勞孔父子群像、卡拉瓦喬的基督下葬，拉斐爾的雅典學院、米開朗基羅的最後審判及創世紀，也是最值得欣賞的稀世珍品。

雅典學院

這幅畫繪出希臘哲學家柏拉圖與亞里士多德辯論真理的景象，四周則是數學家、文學家等各領域的文人學者，或是隨意倚靠著沉思，或是熱烈的討論著，生動地呈現出古典人文學者與基督教追求真理的情景，構圖方式也呈現出和諧莊嚴之感，展現出文藝復興盛期的景況。讓後世人看畫時，自然生出一份感動、一份嚮往。

創世紀

這幅天頂巨作一一展現上帝創造晝夜、日月、海陸、亞當、夏娃、原罪、諾亞的貢獻、大洪水、與酩酊大醉的諾亞。周圍的高窗則繪出預知耶穌降臨的先知(其中一幅手掩著臉的Hieremtas，就是米開朗基羅的自畫像)，而穿插於巨大先知像間的是異國的女預言家。四角所展現的是象徵著人類救贖的拯救猶太人寓意畫。儘管人像很多，但整體構圖簡潔又不混亂，正是大師的功力。

中間長形的繪圖中，有一幅是《上帝創造亞當》，當上帝創造之手傳給了第一個人類亞當時，象徵人類從沉睡中甦醒，開啓了俗世的生命與愛。這幅畫的構圖雖簡單，卻充分展現出上帝創造宇宙萬物的雄偉氣勢，以及那種從容不迫的全能神蹟。這可說是創世記的創作原點，同時也代表著米大師的個人信念：「唯有創造之手，才是有生命之手。」米開朗基羅將他擅長的人體雕刻，淋漓盡致地表現在人體繪畫上，每位健美的身形，藉由生動的扭轉，表現出人體的力與美。

最後的審判

整幅畫以基督為中心，基督果決的身形，舉起右手，準備做出最後的審判，周遭圍繞著焦慮不安的聖徒；上層為吹著號角，宣告最後的審判即將開始的天使；下層則是從墳墓中拉出的死去靈魂，左邊是得救將升天的靈魂，右邊為將要下地獄的罪人。基督左邊拿著鑰匙的是聖保羅，請求基督公正的審判。

請注意 旺季可能要排上2～3個小時才進得了博物館，建議先預約。

翡冷翠

Firenze

Firenze，總偏愛徐志摩為它取的中文名字———「翡冷翠」(英文直譯為佛羅倫斯)。每次想到它，腦中浮現的是古城中溫黃色的老建築，老橋上寶藍色天空間的黃昏彩霞，迴盪於古城磚石間的教堂鐘聲，隨著單車奔馳的微風，穿梭老窄巷間……

交通　請參見交通篇P.64。

必吃　佛羅倫斯牛排、牛肚三明治。

必買　皮件、葡萄酒、橄欖油。

必訪　烏菲茲美術館、百花聖母大教堂、舊橋、彼提宮、SMN老藥局。

節慶　翡冷翠有許多有趣的節慶：
4月復活節：復活節當天上午會牽兩頭白牛到主教堂廣場，然後由主教堂射出爆竹、點燃牛車上的煙火。
5月音樂節：每年5月會在市立歌劇院舉辦音樂節，有許多國際級的音樂會、歌劇。
6/24聖若望節：為了慶祝翡冷翠的守護聖人節，會在聖十字廣場舉辦傳統足球賽決賽，而在當天晚上還會施放煙火。

▲ 6月的傳統足球賽 (以上圖片提供 / APT FIRENZE)

作者最愛的散步路線

1 日遊

※ 路線圖請掃這裡

09:00 火車站

購買市區車票或搭計程車前往旅館。

10:00 旅館

火車站及聖羅倫佐教堂(中央市集)附近有許多小型旅館。

11:00 中央市場午餐及麥迪奇禮拜堂

中央市場曾為佛羅倫斯人的廚房,現則改為可品嘗各種義式料理的美食中心與料理學校。市區另一頭的聖安勃吉歐貴婦市場,也很適合中午用餐。

12:00 主教堂
(Basilica di Santa Maria del Fiore)
聖約翰洗禮堂
(Battistero di San Giovanni)
鐘樓Duomo
(Campanile di Giotto)

百花聖母教堂是佛羅倫斯的主教堂。教堂前的八角形建築為聖約翰洗禮堂,也是許多佛羅倫斯人受教洗禮之處。洗禮堂最著名的為Ghiberti所創作的青銅門,上面為舊約聖經故事,被米開朗基羅譽為「天堂之門」。教堂旁則是高85公尺,由喬托所設計的哥德式鐘樓。

🔵 豆知識

百花聖母大教堂解析

布魯聶斯基的大圓頂

1418年由建築師布魯聶斯基(Filippo Brunelleschi)接手後,採用由下而上的魚刺式建造方式,以圓拱形的「拱鷹架」堆築出舉世聞名的紅色大圓頂。據說當時的技術難以做到,這還是布魯聶斯基參觀了羅馬古老的萬神殿後才有了靈感,順利打造出這完美的八角形圓頂。

解析主教堂

教堂內部則呈拉丁十字型,由立柱將內部空間分為三個殿,高而寬敞的空間,呈現出雄偉的氣勢。大門上面有三扇玫瑰花窗,下面是1443年設計的機械鐘,地板則以理性的幾何圖形拼接而成。所有遊客仰著頭仔細觀看的巨大圓頂畫作,是Vasari於1572~1579所繪的《最後的審判》;若不想拉長脖子看畫,可爬上463級階梯,沿著圓頂內圈近距離欣賞這幅巨作,還可走到圓頂外面欣賞翡冷翠古城風光。

吃在佛羅倫斯傳統市場

中午吃聖安勃吉歐貴婦市場

聖安勃吉歐市場(Mercato Sant'Ambrogio)是1837年即存在的老市場,這裡有著優質的蔬果攤位,市場內還有牛肚包、傳統食品店、咖啡館,其中還非常推薦附近上班族最愛的小餐館Trattoria Da Rocco。這雖然只是市場裡的小館,但好似將客人當自家人,準備健康的義大利傳統菜肴,沙拉、義大利麵,甚至甜點都一點也不馬虎。

晚上吃時尚的中央市場

由於中央市場(Mercato Centrale)位於聖羅倫佐教堂旁,因此又稱為聖羅倫佐市場,為19世紀末期的建築。1樓為蔬果生鮮市場,市場內有著名的Da Nerbone牛肉包及牛肚包攤,另還有烤豬肉包及炸海鮮攤。2樓現改為時尚的美食廣場,只要在這裡走一圈,就可品嘗到各種義大利經典美食(現在連中國餃子都有了),其中還包括烹飪教室及美食超市。美食廣場開到半夜,很適合晚上過來用餐。

 逛街

逛完主教堂可先到旁邊的Gelateria Edoardo il gelato biologico吃美味冰淇淋,所有口味均是用有機產品製作的。

接著還可到主教堂側面小巷進去的老雜貨店Pegna購買咖啡豆、精品級牙膏及巧克力,再到附近的Grom冰淇淋店。由此走出小巷即為主街Via dei Calzaiuoli,往領主廣場的這兩條平行街道就是佛羅倫斯主要購物街,穿過共和廣場La Rinascente百貨的大拱門為精品街區(Via Tornabuoni)。

 共和廣場
(Piazza della Repubblica)

古羅馬時期為議事場,繼而改為市場,後來市場移到靠近舊橋附近的麥桿市場(原為絲綢及首飾商人交易的地點,因市集旁有座野豬噴泉,又稱為野豬市集),並將共和廣場改為紀念義大利統一的廣場。廣場上有家著名的咖啡館Le Giubbe Rosse,經常舉辦藝文活動。La Rinascente百貨也在廣場邊。

玩樂篇

領主廣場 (Piazza della Signoria)

佛羅倫斯共和國時期的政治中心，廣場上的主要建築為當時的領主宮，另有精采雕像的傭兵涼廊及海神噴泉，領主宮前立著大衛雕像的複製品。海神噴泉後面的牆上可免費裝水，而且還包括氣泡水喔！

烏菲茲美術館 (Galleria degli Uffizi)

這裡原為佛羅倫斯大公的辦公室，後改為美術館，展示麥迪奇家族的豐富收藏，也是全球最重要的美術館之一，可看到文藝復興時期最精湛的畫作，如《維納斯的誕生》《春》等作品。(藝術賞析詳細介紹請參見P.158)

野豬市集 (Mercato del Porcellino)

領主宮對面小路走出去便是野豬市集，這座16世紀的涼廊原販售各種奢侈舶來品，現則可買到各種皮製商品，市場旁有座鼻子被摸得晶亮的野豬雕像，由此繼續往前走便是美麗的舊橋。

彼提宮 (Palazzo Pitti)

雄偉的彼提宮為麥迪奇家族的居所，現改為多座博物館。其中以帕拉提那美術館最值得參觀。這裡有15～18世紀義大利及歐洲最著名的畫作，而且作品仍保留原家族的陳列方式，讓參觀者走進美術館時，就像是受邀到豪宅的客人。

在這些作品中，最重要的包括提香的《合奏》(II Concerto)、及自然表現出畫中人物精神的《英國青年肖像畫》、《朱利歐二世》，以及魯本斯的《田間歸來》、《戰爭的殘酷》，藉由戰爭殘酷的景象，表現出對和平的渴望。另外還有拉斐爾構圖溫馨又和諧的《寶座上的聖母》、《帶頭紗的女子》。

舊橋 (Ponte Vecchio)

舊橋為跨越亞諾河的中世紀石拱橋，原本橋上都是肉販攤，後來大公在辦公室與河對岸的居所彼提宮之間築了座天橋，並下令將所有肉販遷走，改為華麗的珠寶店。

傍晚時很推薦大家到舊橋看街頭表演，接著到下一座橋Ponte Santa Trinita看日落及夜景。

`19:00` **米開朗基羅廣場 (Piazza Michelangelo)**

位於山腰的米開朗基羅廣場，是鳥瞰佛羅倫斯古城與亞諾河風光的最佳地點(可搭公車上山，步行上山也不遠)。

`20:00` **晚餐**

推薦在領主廣場附近的Vini e Vecchi Sapori感受小餐館的熱鬧用餐氣息，或到典雅的老餐廳Antico Ristorante Paoli用餐。

`21:30` **古城區散步、回旅館**

行家祕技 購物好去處

由共和廣場的大拱門走過來，就是Via degli Strozzi，LV、Dior都在此，繼續往前走接Via de' Tornabuoni，會看到愛馬仕、Prada等精品名牌林立，靠近河邊的雄偉建築為Ferragamo總店及博物館。

街上的Palazzo Strozzi為佛羅倫斯當代藝術的主要展覽中心，幾乎都是世界知名的當代藝術家展覽，也很值得參觀。

有時間也可以順遊的景點

巴傑羅博物館

這是翡冷翠城內最古老的市政建築，1255年就已經存在，1502年改為法院及警察總部，並以警察頭子Bargello命名。以前對囚犯的行刑也都在此進行，1786年廢除這些殘忍的刑法後，將所有刑具埋在中庭地底下。這座博物館內有許多典雅的廳室，收藏的作品中以唐那太羅(Donatello)的青銅雕刻少年大衛最為聞名，其詮釋方式又與米開朗基羅全然不同。

聖十字教堂

若說百花聖母大教堂是翡冷翠人生的起點(在此接受洗禮)，那麼聖十字教堂(Basilica di Santa Croce)就是終點，許多名人的墳墓就在這座教堂內。

新聖母教堂

教堂屬於14世紀的哥德式教堂，立面則是Alberti於1476年設計的，利用幾何圖形及完美的比例計算各種圖形，呈現出理性的文藝復興風格。教堂內部最著名的是馬薩奇歐(Masaccio)的三位一體，他運用透視法及光影效果，讓人覺得這個牆面好像是個立體空間似的。

Fiesole

距離翡冷翠約20分鐘車程的小村莊，原本是伊特魯斯人的據點，由於它位於山谷交匯的頂點，因此是個軍事要塞。15世紀時，麥迪奇家族將此改為藝文活動中心，小村莊內還可看到一座古羅馬劇場，現在夏季仍會在此舉辦音樂會。而位於制高點的聖方濟修道院(Convento di San Francesco)則可欣賞附近的山谷風光。

San Miniato Al Monte

位於佛羅倫斯城外丘陵上的聖米尼亞托教堂，為佛羅倫斯最重要的教堂之一。據傳基督教殉道者Minias在這片山丘上殉道，因此信徒在此建造這座聖殿，將殉道者遺體葬於此。教堂本身為典型的托斯卡尼式羅馬建築，旁邊的本篤教修道院護牆應為米開朗基羅的設計。而由這座教堂，還可欣賞絕美的佛羅倫斯古城景觀。

玩樂篇

SMN老藥局
Farmaceutica di Santa Maria Novella

位於Santa Maria Novella修道院旁的老藥局，修道士們自13世紀起，以自己栽種的花草製作保養品、香水、各種草本營養品、蜂蜜、蜂蠟等。17世紀時，佛羅倫斯大公授與皇室商標，產品多爲王公貴族所用，後來取得正式交易權後，才開始對外販售。

時至今日，他們的產品仍堅持著幾大原則：
■ 花草種植均不使用任何化學藥品。
■ 遵循古法製作（例如薔薇水仍採用14世紀的配方，爲最古老的一款產品）。
■ 純天然花草製作。

現在的產品相當多，舉凡日常生活上所需的保養清潔用品，居家衛浴會用到的商品，通通都有。當然最著名的，還是天然草本保養品及香水、古龍水。保養品則推薦——好吸收的眼霜、金盞花面霜、金盞花化妝水；最著名的香水爲「皇后之水」，這是麥迪奇家族的凱瑟琳皇后嫁給法國亨利二世時，特別配製的一款香水，以Santa Maria Novella命名，後稱爲「皇后之水」。而17世紀時神父採集佛羅倫斯山區的花草，放在陶甕中，讓其自然發酵製成的噗噗莉Pot-Pourri芬香產品也是鎮店之寶。

此外，草本藥品則推薦蜂膠。除了大人服用的液狀蜂膠及膠囊外，還有不含酒精給小孩服用的橙橘蜂膠。

購買方式
大廳的架子上放了詳細的產品清單（包括中文），櫃檯上的商品均可試用，有任何問題也可直接向服務人員詢問。確認商品後，服務人員會給1張卡片，請你到後面的帳房付款及提貨。消費金額超過€155，可辦理退稅。由於老藥局的商品通常較重，建議最後要離開佛羅倫斯時再過來採買。

烏菲茲美術館

烏 菲茲美術館,可說是全球最重要的美術館之一。「Uffizi」的意思為「辦公室」,當時為了將所有市政辦公室集中在同一個地方而建造這棟建築。建築師Vasari巧妙的利用長廊建築,將舊宮、烏菲茲、經舊橋上的長廊,連接到領主的私人住宅彼提宮,規畫出一條領主專用道。目前美術館以年代陳列作品,從古羅馬、早期義大利藝術、文藝復興時期、巴洛克及近代作品,不但可以欣賞重要的藝術品,還可了解整個藝術的演變。其中最著名的當屬《春》及《維納斯的誕生》。

這2幅畫都是15世紀波提伽利的作品,雖然題材取自神話故事,但畫家受到當時文學家與詩人的新詮釋觀點影響,以細緻優雅的筆法,將他心中的美一點一滴的展現在大家眼前。

《春》所畫的是象徵著愛與美的維納斯女神,她就好像是世間萬物的創造者,讓春天降臨大地,開創一片美好的天地。女神旁三位分別象徵著美麗、青春、與歡樂的女神,上方則是矇著眼睛的愛神邱比特,準備將手中的箭射出,看誰將先嘗到愛情的果實。

而《維納斯的誕生》則繪出剛誕生的維納斯女神降臨大地的景象。鼓著雙頰的風神,將載著女神的貝殼緩緩吹向陸地,維納斯女神輕輕抬起腳準備踏出貝殼,掌管四季的女神手中拿著為女神準備的春花外衣,準備幫女神穿上。溫暖的西風吹動女神的頭髮與衣衫,以及片片飄落的金心。徐徐吐氣的花神,就要施展她的神力,喚醒大地、讓百花盛開於這美好的年代。

烏菲茲美術館其他重要館藏還包括:米開朗基羅的聖家族、達文西的天使報喜圖及東方三博士朝聖圖、拉斐爾的金雀聖母、卡拉瓦喬的美杜莎與少年酒神、提香的烏比諾的維納斯及喬托的作品等。

玩樂篇

米開朗基羅特輯

米開朗基羅，西元1475年出生於翡冷翠附近的一個貴族家庭，爲文藝復興時期最偉大的雕刻家、建築師、詩人、作家、畫家，深深影響了往後近3世紀的藝術發展。

他於13歲開始拜師學藝，雕刻對他來講是釋放被關在石頭中的靈魂。年紀輕輕就完成《大衛》雕像，展現出完美的人體比例，25歲更以收藏在聖彼得大教堂內的《聖殤》像轟動一時。

米大師的個性較古怪，但一路走來堅持自己的藝術理念、追求完美的創作，可說是畢生奉獻給藝術，因此可在他的作品中看到一種悲壯感。他的代表作還包括聖彼得大教堂的圓頂、西斯汀禮拜堂的《創世記》、《最後的審判》。

當時建造翡冷翠大教堂時，有塊大理石因爲材質過硬，大家都不知怎麼運用，然而對米開朗基羅來說，他只是切除不必要的部分，將鎖在大石塊中的靈魂解放出來。還好有米大師，我們才知道原來大理石裡住了一位高4.23公尺的英勇牧羊少年，手持著石塊、雙眼炯炯有神，毫不畏懼的看著前方，凝聚出緊張卻又自信的氣氛。原本大衛雕像放在舊宮上面，作爲翡冷翠的自由象徵，並向世人展現：人擺脫宗教束縛、獨立思考的理性精神。

除此之外，在中央市場旁的麥迪奇家族禮拜堂中還有米開朗基羅的四時雕像。米開朗基羅在Urbino公爵石棺上放著代表《晨》、《昏》雕像，在Giuliano石棺上則放著《晝》、《夜》雕像，而麥迪奇兄弟的雕像則分別象徵著「行動」（手握權杖的朱利歐）及「思維」（沉思的羅倫佐）。這兩組雕像相互對應，《晨》、《夜》是年輕女子，而《晝》、《昏》則爲老年人。

威尼斯

Venezia

《天使墜落的城市》中提到，「對威尼斯人來講，橋是過渡，我們過橋總是走得很慢；橋是律動的一環，連接一齣戲的不同環……第一幕到第二幕的鋪陳，我們的角色就在過橋之際轉換，從一個現實……跨越到另一個現實。」整個威尼斯城有117座小島、150條運河，以490座小橋將這些散落在海上的島嶼串聯起來。橋梁之於威尼斯人、之於旅人，都是走不完的心情轉換。

交通 威尼斯有兩座火車站，火車會先抵達Venezia Mestre，接著經過長長的橋才是威尼斯古城火車站Venezia Santa Lucia。其他交通資訊請參見交通篇P.64。

必吃 墨魚麵、提拉米蘇、Prosecco氣泡酒、Bellini水蜜桃調酒。

必買 玻璃手錶及手環、蕾絲書籤、面具、威尼斯之永恆全效緊緻黃金精華液。

必訪 聖馬可廣場、花神咖啡館、總督府、嘆息橋、高岸橋、彩虹島Burano、海關現代藝術館。

節慶 威尼斯嘉年華會通常在2月(每年日期都不一定)。9月第一個週日會舉辦傳統賽船會(Regatadi Venezia)。威尼斯雙年協會每2年舉辦一次藝術雙年展，隔年則為建築雙年展。威尼斯影展選在9月。(威尼斯雙年協會La Biennale di Venezia：www.labiennale.org)

提醒 威尼斯是個島嶼組成的城市，因此整個城市都由橋梁連結而成，雖可搭水上公船到飯店附近，但多少仍需步行，建議最好不要攜帶太重的行李到威尼斯觀光，否則上下船或過橋會比較勞累。

作者最愛的散步路線

DAY 1

※ 路線圖請掃這裡

玩樂篇

 火車站
買交通一日票PASS。

 旅館

11:00 聖馬可廣場 (Piazza S. Marco)
大教堂 (Basilica di San Marco)

　　威尼斯最具代表性的地標，拿破崙譽為「歐洲最美的客廳」，廣場連接著聖馬可大教堂、鐘樓及總督府。聖馬可大教堂是獻給威尼斯守護聖人聖馬可的華麗聖殿，威尼斯商人將聖人的遺體，從埃及亞歷山大偷運回義大利後，將遺體葬在這裡。

　　教堂正門有5幅金碧輝煌的鑲嵌畫，描繪著聖馬可的生平事蹟，從屍體運回威尼斯、到安放進聖馬可大教堂，最中間的大門上則是《最後的審判》。正門上面還有4座青銅馬(這是複製品，真品放在教堂內)，威尼斯人從君士坦丁堡奪回後，又被拿破崙搶去巴黎，後來才又歸還給威尼斯。

　　廣場兩側的建築原為行政官邸，現為博物館，樓下咖啡館會輪流演奏音樂，其中還包括歐洲最古老的Caffe Florian咖啡館。威尼斯10~1月冬季漲潮時常會淹水，商家會架起木台方便行人行走。

千萬別錯過這裡的夜景！

12:00 總督府 (Palazzo Ducale)

　　原為威尼斯的政治中心，同時也是總督的住所。最初為14世紀建造的哥德式建築，16世紀火災重建後加入了古典主義風格，在輕盈中帶著理性的和諧感。

　　內部盡情展示威尼斯公國的富裕，極其華麗，並可走過嘆息橋，參訪監獄。由中庭爬上總督府2樓，首先會看到以24K金打造的黃金階梯(Scalad'Oro)，從2樓開始就是總督府博物館的各廳室，3樓有許多重要作品，如：四門室(Sala della 4 Porte)裡提香(Titian)的肖像作品，候見室(Sala del Collegio)中維諾聶斯(Veronese)所畫的《歐洲大浩劫》，大會議廳(Sala del Maggiore Consiglio)的一整面牆是提托列多(Tintoretto)的曠世巨作——《天堂》。這是當時全球最大的畫作，寬7公尺、長21公尺。

▲ 據說LV圖騰設計靈感來自總督府，記得在此拍張紀念照

12:30 嘆息橋 (Ponte dei Sospiri)

　　以前的犯人在總督府被判刑之後，便被送到隔壁的監獄，而這座小小的橋是犯人見到藍天的最後機會，每每都會發出悠悠嘆息，因此稱為嘆息橋。

※ 路線圖請掃這裡

DAY 2

 布拉諾及穆拉諾 (Burano、Murano)

這2座威尼斯小離島,分別以蕾絲及玻璃著稱。相當推薦大家到布拉諾走走,整座小島繽紛的小房舍,悠慢的腳步,讓人仿如踏入童話世界。島上的Trattoria da Romano及Riva Rosa這2家餐廳都很值得一嘗。

往返布拉諾島、穆拉諾島所需時間較長,可以先搭船到布拉諾,在島上午餐後再回本島參觀。

 高岸橋及魚市場 (Ponte di Rialto)

跨越威尼斯大運河的3座橋梁之一,是最古老的一座(1591年完工),設計為優雅的文藝復興風格,橋的另一端為古老的魚市場,逛完後可到橋邊的T Fondaco購物中心,一棟華麗的威尼斯老建築,精品齊聚。

可線上或透過平台外的機器,預約參觀屋頂平台欣賞威尼斯美景(免費,但不接受當日預約)。

 運河及貢多拉Gondola

傍晚或晚餐後可搭公船或華麗的貢多拉遊賞威尼斯夜景。

 晚餐 Il Paradiso Perduto

晚餐推薦到Il Paradiso Perduto這區較多價格合理、又充滿威尼斯風情的小餐館。這家氣氛熱絡的小酒館,提供平價又大分量的威尼斯菜肴(請參見美食篇P.115)。

 學院美術館 (Gallerie dell'Accademia)

學院美術館原本是慈悲的聖母教堂(Santa Mariadella Carita'),後改為美術館,收藏許多威尼斯畫派的作品。尤其是貝利尼的得意門生Giorgione的作品《暴風雨》(The Tempest)最為著名,畫中的自然景觀不再只是背景,無論是雷光、雲彩、甚至空氣,都與人物的情緒結合在一起,這是首次出現的牧歌式繪畫。

此外,這裡還有達文西依照古羅馬建築師維特魯威人所繪製的完美人體比例,以及提托列多的「聖馬可事蹟」系列、維諾聶斯(Veronese)的《李維家的盛宴》(Feast in the House of Levi)。

 佩姬古根漢美術館 (Peggy Guggenheim Collection)

這裡原為美國富家女佩姬古根漢的居所,她過世後也埋葬在此,現在基金會將她生前的收藏開放大眾參觀,內有許多精采的現代藝術作品。美術館外的紀念品店非常好買!

 午餐

可在學院美術館附近的San Trovaso,或火車站附近以慢食理念料理的Trattoria Alla Fontana(P.115)。

安康聖母教堂 (Basilica di Santa Maria della Salute)

安康聖母教堂為信徒感謝聖母保佑,終於結束黑死病的肆虐所建造的教堂,就位於大運河與潟湖口之間,為威尼斯最美麗的風景之一。

`14:30` 海關現代藝術館 (Punta della Dogana)

安藤忠雄改造的現代藝術館，除了精采的展覽外，更可欣賞到建築師為觀眾所安排的驚喜(記得要爬上樓走到最後一間展場)。出博物館可搭貢多拉過河到聖馬可大教堂，每人只要€2。

路上觀察 威尼斯雙年展

威尼斯雙年展，一年為國際藝術展，隔年為國際建築展。藝術家在這場藝術盛宴中，盡情表達自己的理念、刺激觀者的心、意。而雙年展最迷人之處在於，除了雙年展公園及造船廠區外，藝術總在你意想不到的地方出現：可能只是一處不顯眼的小公園，也可能在一處平常不對外開放的華麗宮殿裡。因此看展時，仿如在這座水上迷宮中尋寶。

▲ 還可走進一些平常不對外開放的宮殿

有時間也可以順遊的景點

聖洛可大會堂

由於聖洛可在威尼斯發生瘟疫時治癒無數眾生，信徒特地建造這座教堂獻給這位聖人。提托列多曾在18年間，每年送3幅畫給這座教堂，因此教堂內共有50多幅這位大師的作品，提托列多也葬於此。

榮耀教士聖母教堂

這座12世紀的聖方濟教堂，15世紀改為哥德式建築。教堂內最著名的是提香的《聖母升天圖》，這位繪畫大師也安葬於此。另外還有一座白色的三角形大理石墳墓，這是雕刻家Canova之墓。原本是Canova為提香設計的新古典風格墳墓，後來這位大師過世後，他的徒弟用這個設計圖建造他的墳墓。這個天才設計很諷刺的在墓碑前放了隻沉睡的飛獅，以飛獅象徵淪為拿破崙統治的威尼斯。

黃金屋

這曾為大運河上最燦爛的建築，建於1420年，立面細緻的拱門及尖頂建築，呈現出威尼斯哥德風格。據說全盛時期外牆還貼滿了金箔，因此稱為黃金屋。現已改為博物館，收藏有提香的《鏡中的維納斯》以及曼帖那的《聖巴薩提諾》(S. Sebastian)，描繪出這位聖人想摧毀偶像、讓真理重現的信念。

佩薩羅之家

這是17世紀富商佩薩羅家族豪宅，現改為現代美術館及東方藝術館。在現代美術館中可看到克林姆著名的《茱蒂斯二》，另外還有米羅、康丁斯基、夏卡爾之作。最頂樓的東方藝術館則收藏許多日本、中國、柬埔寨、印度支那的生活文物。

海上的藝術品
Monumento alla Partigiana Veneta

沿著往雙年展公園的濱海步道行走，你會看到漂流在海上的這尊雕像。這是Augusto Murer所設計的，藉以紀念協助打倒法西斯的婦女。

威尼斯嘉年華會

嘉年華會（Carnivale），拉丁文的意思是「Farewell, meat！」以白話來說就是「別了，我的大魚大肉！」因為嘉年華會舉辦的時間正是耶穌復活齋戒月前40天，大家趁著齋戒之前盡情狂歡。

這樣的狂歡會在中世紀時相當盛行，因為當時階級分明，但只要帶起面具，王公變乞丐、乞丐變公主，這40天可說是最平等、最夢幻的日子。然而，18世紀後慢慢式微，再加上19世紀全民總動員投入毫無情調的工業大躍進中，不但嘉年華會沒戲唱，更造成威尼斯的手製面具工藝幾乎失傳。所幸，念舊又愛玩的義大利人，又將這個歡樂的節慶救了回來，1977年重新開張。

嘉年華會期間，整個水都陷入瘋狂狀態，大街小巷人潮洶湧，平日在威尼斯會迷路，這下連路都不用認，自己就會被人潮推著往前進了。從第一天到最後一天，每天的節目滿檔，當然最後一天的聖馬可廣場最是熱鬧。嘉年華會的第一個週日12:00，在聖馬可廣場前的鐘樓有個「天使之翼」重點表演，14:30由San Pietro di Castello開始古裝遊行到聖馬可廣場，讓嘉年華會的氣氛逐漸加溫。Gran Caffé Lavena則有18世紀延續下來的熱可可化妝舞會。

此外，各高級旅館、私人宮殿、老咖啡館等，也會舉辦化妝舞會。而最後一夜，在燦爛的煙火下，眾人齊聚聖馬可廣場瘋狂到清晨，威尼斯嘉年華會就此暫時落幕，靜待來年再瘋狂一回！

威尼斯嘉年華會
http www.carnevale.venezia.it
ⓒ 2～3月，每年時間不一定

米蘭

Milano

卡爾維諾筆下的佐拉城，之於北方的米蘭，它並不是一座讓見過的人永難忘懷的城市，而是一點一滴留在心裡，讓走過的人記起一條條綿延的街道，街道兩旁的景物，就像音符，串起不可更動、無法取代的雋永樂章。在想念米蘭街道的日子裡，細數布雷拉窩心的餐前酒吧，運河區披薩店裡客人大口咀嚼，Corso Garibaldi優雅的街道、布雷拉夜晚的歡笑聲……就是這點點滴滴串起回憶中的米蘭。

作者最愛的散步路線

| 交通 | 請參見交通篇P.80。可下載米蘭市區交通官方APP：ATM Milano。 |

交通 請參見交通篇P.80。
可下載米蘭市區交通官方APP：ATM Milano。

必吃 米蘭燉飯(Risotto alla Milanese)、耶誕麵包(Panettone)、起司餅(Panzerotti)。

必買 流行品牌服飾、現代居家雜貨設計。

必訪 米蘭大教堂、艾曼紐二世走廊、黃金四邊角、米蘭歌劇院、布雷拉美術館周區、運河區。

迷思 最後的晚餐到底要不要去看？要事先預約，跟著導覽團進去也只能觀看15分鐘，到底值不值得進去呢？就看自己如何定義這幅畫的價值囉！

米蘭重要地鐵站

地鐵站	簡周邊景點
Stazione Centrale	中央火車站
Duomo	主教堂、精品購物街區
Porta Garibaldi / Moscava	Corso Como、Garibaldi步行街及火車站、布雷拉美術館區
Porta Venezia - Lima - Loreto	中價位購物街
Porta Genova	運河區
Cadorna	機場列車搭乘車站，靠近城堡
RHO Fiera	米蘭展覽中心

1 日遊

※ 路線圖請掃這裡

　　米蘭城以大教堂為圓心點,向四周放射出出來,主要購物區都在主教堂及附近的黃金四邊角,藝文區在布雷拉美術館附近,較有特色的商店區在運河區,而平價的購物街則在布宜諾艾利斯大道。米蘭市中心並不是很大,步行再適時搭配地鐵或電車、公車,就可輕鬆遊覽米蘭城。

 火車站

　　辦電話卡、購買市區交通票,米蘭的24～48小時交通票相當划算,可善加利用。

 旅館

　　由火車站可搭紅線及黃線地鐵,行李多者可搭計程車。

 最後的晚餐(感恩聖母教堂)

　　達文西構思最久,也是最重要的作品之一。位於米蘭感恩聖母教堂的用餐室,可看到達文西如何將每個人的性情表現在動作上,並以一種有序的韻律感,帶出「你們之中有人出賣我」這一瞬間的緊張與騷動。(詳細資訊請參見P.168)

 史豐哲城堡 (Castello Sforzesco)

　　米蘭最主要的地標之一,位於主教堂與最後的晚餐之間。原為堡壘,後來逐漸擴建為城堡,現改為不同的博物館,如美術館、樂器博物館、應用藝術博物館等。其中古老藝術博物館還

包括米開朗基羅的聖殤雕像,可看到年老與年輕時的米開朗基羅如何詮釋同一個主題(年輕時所創作的聖殤位於羅馬聖彼得大教堂)。

 主教堂周區午餐

　　簡單用餐可選擇Luini炸番茄起司餅或Ciao自助餐店,否則可以到附近的Princi烘焙坊、米蘭星巴克臻選,或精品街區的Paper Moon用餐(P.119)。

 主教堂 (Duomo di Milano)
艾曼紐二世走廊
(Galleria V. Emanuele II)

　　米蘭大教堂於14世紀開始建造,花了將近6個世紀才完成的偉大作品,共以數千座尖塔及雕像裝飾而成。除了教堂內部美麗的鑲嵌畫與雕像外,還可爬或搭電梯上天台,近距離觀看雕像作品與金色的聖母像。

 史卡拉歌劇院 (Teatro della Scala)

　　對於歌劇有興趣者,可到歌劇院內的博物館參觀,內部收藏了許多知名指揮家與歌劇名家的文物。若是停留米蘭期間有歌劇或音樂劇表演,更是推薦大家進這美麗的歌劇院欣賞音樂。(聽歌劇詳細資訊請參見P.188)

玩樂篇

艾曼紐二世大道
(Corso V. Emanuele II)
黃金四邊角精品街區
(Via Monte Napoleone)

　　由艾曼紐二世走廊往S. Babila廣場走，沿路都是些中價位及平價的商店，由S. Babila廣場往左前方走進Monte Napoleone即是知名的黃金四邊角精品街區，所有國際精品名牌幾乎都有設點，街底還有Armani的複合式旗艦店。

布雷拉美術館
(Pinacoteca di Brera)

　　米蘭最重要美術館，收藏歷代義大利名家作品，如拉斐爾、Mantegna、Bellini的作品。這裡同時也是米蘭最重要的美術學院，周區的街道更可找到許多有趣的設計品店及餐廳酒吧。晚上可到此喝餐前酒或用餐。

運河區(I Navigli)

　　據傳是達文西所設計的運河系統，現為米蘭最熱門的餐前酒及晚餐用餐處，到這裡馬上就能感受到米蘭的活力與歡樂的氣息。每個月的最後一個週日還有著名的古董市集。

有時間也可以順遊的景點

Fondazione Prada
當代藝術中心

　　Prada一直致力於當代藝術推廣，米蘭、威尼斯均設有藝術空間，最推薦米蘭這座由舊工廠重新改造的藝術中心，有些常設的藝術展覽相當有意思，園區內還包括圖書館、電影院、復古咖啡館，餐飲品質也很棒。

 豆知識

主教堂

　　馬克吐溫看到米蘭大教堂後曾說，這是座以大理石寫詩的建築。當你站在教堂前面時，絕對會同意這句話。米蘭主教堂於1386年開始建造，1897年完成，花了500多年的時間，規模僅次於羅馬聖彼得大教堂及西班牙賽維爾大教堂。觀看主教堂最戲劇化的一刻是從教堂前的地鐵站拾級而上，一出地鐵站，看到的是藍天白雲下一首壯麗的大理石史詩，高低錯落著135座尖塔，立著3,500多尊聖人雕像；108公尺高的尖塔，是米蘭人細心用3,900片金箔妝點的慈靄聖母；而教堂立面的五座青銅門，刻繪著聖母生平故事、米蘭詔書等。走近細看，絕對會為它的精雕細琢所懾服。哥德式的尖塔建築，氣勢磅礴，但又有著能帶領世人飛往天堂的輕盈，那種直入天廳的神聖感，或許就是這座教堂救贖世人的使命吧！

最後的晚餐
及達文西

最後的晚餐

這其實是感恩聖母教堂餐室裡的牆面濕壁畫。整幅畫所展現的就是當耶穌跟他的門徒說「你們其中有一個人將出賣我」，門徒聽了之後驚慌失措地向耶穌問：「是我嗎？」的那一瞬間。達文西巧妙的將12位門徒三人成組，手抓著錢袋的猶太驚慌得往後傾，自然的與其他門徒分隔開來。中央的耶穌則一臉淡然，與門徒驚慌失措的神情形成強烈的對比。這樣的巧妙配置，也只有構思

了20多年的鬼才達文西才想得到。

除此之外，我們可以看到食堂兩側的牆面一格一格往後縮退，這種透視景深的運用，好像把平面的牆也打出一個三度空間。中間的耶穌形成金字塔形，後面窗戶明亮的背景，取代了以往制式化的聖人頭頂光圈畫法，並讓觀畫者自然的聚焦在耶穌身上。

達文西

李奧那多·達文西(Leonardo Da Vinci)來自托斯卡尼的小村莊Vinci，後來被律師父親帶回佛羅倫斯受教育，年紀輕輕就已超越老師的技術，為麥迪奇家族畫了著名的《蒙那麗莎的微笑》。後來轉往米蘭發展，完成了《最後的晚餐》、騎馬雕像、《岩間聖母》及大量的工程設計與機械發明。晚年又前往法國發展，逝世於法國。

 豆知識

名畫新發現

義大利音樂家帕拉認為耶穌兩側門徒手上及桌上的麵包是音符，因此他透過電腦將之套入五線譜中，發現竟能演奏出「讚美詩」。

感恩聖母教堂 Santa Maria delle Grazie

http cenacolovinciano.org(3個月前開放預訂)

✉ Piazza Santa Maria delle Grazie, 2

🕐 週二～日08:15～19:00

$ €15

➡ 18或24號電車到Corso Magenta-Santa Maria delle Grazie站或地鐵1號線或2號線到Conciliazione或Cadorna站

拿坡里

Napoli

　　巍立於港口邊的城堡，大剌剌的展現著大城氣勢；夜晚酒吧裡的地下樂團，有今天沒明天般的掏心嘶吼、搖擺著，毫不保留地抒發海港人的開闊與南義人的濃烈情感。乘著輪船由海上望向拿坡里，耳邊迴響起帕華洛帝渾厚的歌聲唱著*Santa Lucia*：「美麗的拿坡里，晚霞照天邊，照在明亮的海灣，晚霞滿漁船……藍藍的拿坡里，晨星天空閃耀，寂寞孤單的心，聲聲呼喚你……美麗的拿坡里，幸福到永遠，聖塔路西亞、聖塔路西亞……」卻是一股溫暖，絲絲解開旅人對這古城的思念。

交通 拿坡里市區公車票(TIC Ticket)可搭乘地鐵、巴士、纜車，90分鐘有效票為€1.50，一日票為€4.50。網址：www.unicocampania.it，購票APP：UNICO Campania

必吃 披薩、Sfogliatella、Baba'。

必買 好運辣椒、雕花蠟燭、拿坡里式雙柄摩卡壺。

必訪 地下世界、考古博物館、地鐵站Toledo。

提醒 遊客要遇到黑幫火拼的機會應該是很少，不過還是時有機車搶案發生，晚上最好不要走在暗巷，火車站附近也比較亂。公車R2及地鐵站人多擠身時也要特別注意，好的手機最好也別外露。

作者最愛的散步路線

1 日遊

※ 路線圖請掃這裡

 09:00 **卡波狄蒙美術館**
(Museo di Capodimonte)

這是拿坡里市區收藏最豐富的美術館，包括波提伽利、卡拉瓦喬、提香、馬薩奇歐(耶穌受難圖)及19世紀以降最重要的拿坡里藝術家之作都收藏在內。

 10:30 **大教堂 Duomo**

拿坡里大教堂最特別之處為聖傑納羅禮拜堂(Capella del Tesoro San Gennaro)所保留的聖人頭骨及裝著聖人血液的瓶子。據說當聖人殉難後，將屍身運回拿坡里途中，聖血流入這些瓶子裡，之後每年聖人節時，凝固的血液就會變成液體，信徒們堅信若那年聖人節血液沒有變成液體，就會有大難降臨。據傳1941年維蘇威火山爆發那年，血液就沒有顯現神蹟。因此每年5月第一個星期日，總是擠滿信徒，並盛大舉行聖人節(Festa di San Gennaro)。

11:00 **地下世界** (Napoli Sotterranea)

除了地上的古城，拿坡里人還很喜歡鑽地洞，整個古城區的地下世界，也相當精彩。早在5世紀時，希臘人就在此鑿洞建神廟與地下墓穴。後來羅馬人又開鑿了長達400公里的水道，但1884年發生霍亂時決定全面關閉這些水道。二次世界大戰時這些廢棄的地下空間卻成了拿坡里的防空洞，有些通道相當窄，空間只能勉強讓一人通過。有興趣者可參加NapoliSotterranea辦的行程，到迷宮般的地下世界探險。

12:00 **拿坡里Spaccanapoli古城區**

這是拿坡里最迷人的古城區，已被列入世界文化遺址。古城區雖然看來混亂又破敗，但往深處看，你會在Chiesa di Santa Chiara發現最迷人的迴廊庭園，在聖塞維羅禮拜堂(Cappella dei Principi di San Severo)裡，看到披著面紗的大理石耶穌雕像。

14:30 **考古博物館** (Museo Archeologico)

這座考古博物館堪稱歐洲最古老的考古博物館，擁有許多法爾內賽教皇收藏的稀世珍寶，龐貝多數珍貴的考古文物也收藏在此。其中包括展現女詩人在情愛與理性之間掙扎的〈莎芙〉(Sappho)畫像，以及展示十八禁古文物的密室。

15:30 **聖艾莫堡** (Castel Sant'Elmo)
聖馬丁修道院

位於山丘頂端的聖艾莫堡位置絕佳，因此1329年時安茹王命人在此建造堡壘；1537～1547年間，特別聘請軍事建築師Pedro Luis Escrv設計一座六角星形城堡。光見到外牆巨魄的鑿壁，就令人對聖艾莫堡肅然起敬，更遑論由這裡所看到的拿坡里城與海灣全景。

再往前走就可看到白色建築的聖馬丁修道院暨博物館，由於拿坡里是個海港城市，這

座博物館利用各種華麗的船隻收藏，輕鬆的讓遊客了解拿坡里過去輝煌的海上霸王氣勢。而最後一間房最有趣：從天而降的天使快樂地吹奏著各種樂器，地上的各尊人偶則辛勤地組構出創造者眼中的世俗世界。

托雷多街 (Via Toledo)
溫貝多一世走廊 (Galleria Umberto I)

Via Toledo是拿坡里最美麗的主街道，街上有著與米蘭艾曼紐二世走廊齊名的溫貝多一世走廊：這裡有16根鐵脊圍拱的57公尺高玻璃圓頂。

 17:00

平民表決廣場及皇家寓所

廣場上聳立的寶拉聖方濟教堂及皇宮，充分展現拿坡里極盛期的氣勢。這棟皇宮建築原本是西班牙總督府，17世紀時為了招待西班牙國王腓力三世而改建為皇宮。遊客可入內參觀皇家寓所，欣賞波旁王朝時期的皇室生活、家具、及收藏品。

 17:30

聖卡羅歌劇院 (Teatro San Carlo)

這是歐洲目前仍在使用的歌劇院中最古老的一座，於1737年11月4日法國波旁王朝統治拿坡里時開始使用(比米蘭的史卡拉歌劇院早了41年)，劇場內共有6層包廂看台，最多可容納3千多位觀眾，是當時全球最大的歌劇院，也一直以它完美的音響設計著稱。

 19:00

Gran Caffe Gambrinus老咖啡館

拿坡里最老的咖啡館，目前所見的樣貌是1890年重新整修過的，室內的雕刻、油畫，在周遭鏡子的映照下，圍劃出奇異又古典的空間。

路上觀察 奇妙口感的拿坡里甜點Baba

拿坡里最著名的甜點，將麵粉、蛋、糖、奶油做成的發糕浸上萊姆酒，形狀有點像蘑菇，箇中滋味及口感，就看個人喜好評斷了。

有時間也可以順遊的景點

皇宮 (Reggia di Caserta)

　　有時間還可以到郊區這座號稱義大利凡爾賽宮的皇宮參觀。1751年波旁王朝的卡洛斯三世特地聘請建築師Luigi Vanvitelli在拿坡里東北方22公里處建造皇宮，在這片占地120公頃的空地上，造出1,200間房間、禮拜堂、博物館及劇院，光是窗戶就多達1970扇，樓梯共有34座。宮外的公園更是精采，除了英國式花園，還有瀑布、噴泉等。

路上觀察 拿坡里地鐵站的海洋世界

　　拿坡里政府為了讓大眾親近當代藝術，特別設計了一條藝術環狀地鐵線，邀請多位藝術家為各個地鐵站創作裝置藝術。相當推薦大家到拿坡里一定要到Toledo地鐵站逛逛，這裡有著西班牙設計師Oscar Tusquets Blanca 利用義大利壁磚拼出的海底世界。

　　除了Toledo站外，Universit大學站(最亮眼的為Karim Rashid 所繪製的《Dante》但丁及比阿特麗斯抽象畫像階梯)、Dante、Vanvitelli站也很值得參觀。

路上觀察 拿坡里的娥摩拉魔咒

　　讀過《娥摩拉罪惡之城》(Gomorra)後，看著拿坡里其實心情是沉重的，但耳邊同時又迴響起拿坡里人扯著嗓子的豪邁說笑聲。拿坡里人面對真實生活雖有許多的無奈與無力，但他們卻又能樂天來看待一切，這樣的笑聲，似乎更動人。(拿坡里地區的黑幫為娥摩拉Camora，深深淺淺的抓著拿坡里生活命脈。)

豆知識

龐貝

　　西元79年蘇維埃火山爆發，將整座富裕的龐貝城，凍結在永遠的西元79年，就連當時的神殿、麵包坊、妓院內惹火的壁畫均保留至今(Terme Stabiane浴池及Casa del Poeta Tragico悲劇詩人之家的濕壁畫及雕刻仍保留完整)。園內的Museo Vesuviano可看到龐貝古文物及被凍結的人體化石，讓觀者深刻感受到那一瞬間的驚慌與絕望。而位於古城外約400公尺的Villa dei Misteri的餐廳內還保留龐貝城內最大、最完整的「龐貝紅」壁畫。

托斯卡尼

Toscana

托斯卡尼之美，不只在西耶那的古城，還在一立立柔美的地形線中，婉蜒的絲柏樹，沿著丘陵線而上，路的盡頭，是酒莊、是小起司農莊，也是清修的老修道院。西耶那以南靜謐的公路，帶著勇於冒險的旅人，循著酒香規畫出萬永的托斯卡尼路線，這裡有頂級紅酒之鄉蒙塔奇諾、蒙地普勒奇亞諾，也有散發著清新野草香的歐奇亞山谷，還有可以讓人放鬆身心的Bagno Vignoni溫泉區。現在，是否開始聽到這塊美麗的土地，輕輕呼喚著你？

交通 由佛羅倫斯出發，可搭火車至比薩；前往西耶那也可搭火車，但搭巴士較為便利；若要先前往聖吉米納諾則可搭火車站Poggibonsi站，再轉搭公車到聖吉米納諾(時刻表請參見這裡：www.sitabus.it/en/siena-san-gimignano-by-bus)；各城市間均有巴士班次，可善用此網站查詢：www.rome2rio.com；自駕遊最便利，托斯卡尼地區路況好、也較安全，適合自駕，詳細資訊請參見交通篇P.74。旅遊資訊官網：www.terresiena.it(現還有蒸汽火車並規畫了完善的健行路線)。

必吃 Pici手工義大利麵、佛羅倫斯牛排、Pecorino羊起司、托斯卡尼前菜。

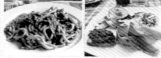

必買 聖吉米納諾的白葡萄酒、蒙塔諾的Brunello di Montalcino、Simonelli Santi老橄欖油莊橄欖油。

必訪 比薩斜塔及大教堂建築群、高塔之城聖吉米納諾、西耶那大教堂、酒莊、蒙地普勒奇亞諾Redi百年老酒窖。

FIRENZE
PISA
CHIANTI
SAN GIMIGNANO
SIENA
BAGNO VIGNONI
MONTACINO

托斯卡尼主題玩樂

Chianti葡萄酒區

義大利最重要的葡萄酒區,離佛羅倫斯不遠,既可品酒又可賞美景,近年又有許多酒莊及農莊住宿(P.97),是個體驗義大利生活的絕佳區域。

皮耶札 Pienza

這是《英倫情人》主要拍攝場景,也是著名的文藝復興之城,而這都要感謝出生於這個小鎮的Pius二世教皇。他當時聘請了Rossellino建築師建造主教堂、教皇宮殿等。小鎮的店鋪選物也相當精采。

聖吉米納諾 San Gimignano

托斯卡尼著名的高塔城,曾為聖路上的重要城鎮,現為美麗的小山城。城內有知名的白酒。

溫泉鎮 Bagno Vignoni

托斯卡尼的古樸溫泉鎮,鎮上仍保存著羅馬古溫泉池,鎮內還有兩家設備完善的溫泉旅館及野溪冷泉。

西耶納 Siena

托斯卡尼的主要城市,主教堂為義大利罕見的哥德式風格,內部的地板鑲嵌畫更是極具寓意。這座城市也是著名的大學城,並以7、8月2次中世紀賽馬節聞名。

蒙塔奇諾 Montacino

這區獨特的土質醞釀出義大利最頂級的葡萄酒,Brunello di Montalcino。小小的區域裡就有上百家酒廠,在鎮上的Enoteca di Piazza即可買到各家酒莊的美酒。

附近的小山城Montic-chiello,古樸而迷人,城門邊有家相當美味的托斯卡尼風味餐廳 Osteria La Porta,在此用餐即可坐擁百萬美景。

蒙地普勒奇亞諾 Motepulciano

著名的貴族酒鄉,高低起伏及蜿蜒的小巷道,為電影新月的拍攝地點,小鎮的店鋪也非常好逛。附近的山谷地形及地景相當特殊,可由西耶納一路往南走,沿路遊逛 Montacino、Pienza、Bagno Vignano、Monti-chiello等小城鎮。

路卡 Lucca

歌劇大師普契尼(Puccini)的故鄉,目前仍為古城牆保留完整的中世紀老城,可與比薩安排在同一天參觀。

柯爾托納 Cortona

因《托斯卡尼的豔陽下》而聲名大噪的小古城,堪稱托斯卡尼最古老、最迷人的小山城。附近的主要城市為拍攝《美麗人生》這部電影的阿瑞佐(Arezzo)。

艾爾巴島 Elba

托斯卡尼地區的離島,仍保有純樸的離島風情。而這區的主要海港Livorno沿岸為托斯卡尼地區的熱門濱海度假地,更別錯過這裡的鮮魚湯及鷹嘴豆烤餅。

蒙地普勒奇亞諾百年老酒窖

走下這座1337年建造的老酒窖，就只有瞠目結舌的份，中古世紀的老磚石堆砌出存放大酒桶的空間，一整排老酒桶，靜靜陳釀這區最著名的Vino Nobile葡萄酒，仿如走進時光之輪回到古老的14世紀。

媲美佛羅倫斯的富裕山城：西耶那

13世紀爲西耶那的最盛期，古城中心爲三座丘陵的匯流處——扇形廣場Il Campo及市政廳。廣場以白線劃分爲九區，代表當時的九人議會型態。市政廳現爲博物館，可看到許多西耶那藝術收藏。

而大教堂爲義大利著名的哥德式建築，建於12～14世紀，內部有著56幅充滿人生哲理的地板鑲嵌畫，以及將Piccolomini家族生活描繪地栩栩如生的Piccolomini教皇藏書室。

每年7月2日及8月16日爲西耶那最重要且最瘋狂的中世紀賽馬節。這區除了Bagno Vignoni外，還有好幾個有趣的溫泉區，其中最推薦層層溫泉池的Terme di Saturnia，以及樹林間的Bagni San Filippo野溪溫泉。

比薩斜塔及大教堂建築群

■斜塔只開放預約參觀

以斜塔聞名的比薩，雖是個小鎮，但11～13世紀時曾是最強大的海上王國之一，這些建築群就是爲了展現比薩富強的國力而建的。後來還將中東傳入的數學及科學，純熟地運用到各棟建築中，成就了奇蹟廣場上典雅又和諧的大教堂（免費，但需取票）、洗禮堂、斜塔及公墓。

斜塔的列柱及階梯設計可謂羅馬式建築的完美典範。而大教堂大量使用純白大理石，並以70根石柱撐起。後來麥迪奇家族統治比薩後，還捐贈了24公斤的黃金打造教堂天花板。中殿講道堂的耶穌生平雕飾很值得欣賞，這是Pisano的作品，人物神情栩栩如生，突破以往呆板的人物刻劃。

教堂對面的洗禮堂擁有最佳的迴音效果，每半小時就會有人在此歌唱，讓參觀者了解何謂聖音繚繞。

五鄉地

Cinque Terre

迎著海風，
依山壁踽踽而行

RIOMAGGIORE 4'15'
2
VERNAZZA 1°15'

交通 由佛羅倫斯或Pisa可搭火車到La Spezia Centrale，購買五鄉地套票Cinque Terre Card搭乘當地火車遊5個村莊，這是遊五鄉地是最便捷的方式。第一次使用火車票一定要記得打票。

必吃 淡菜鑲魚肉Muscoli Ripieni、起司烤餅Focaccia Recco、鯷魚醬Salsa di Acciughe。

必買 甜酒Sciacchetr(Manarola)、白葡萄酒、檸檬醬、蜂蜜。

必訪 Vernazza與Monterosso路段、附近的Portofino芬諾港也很值得拜訪。

住宿 可透過國家公園官網訂房：www.parconazionale5terre.it。

Montreeossso al Mare

健行步道 No.1

Vernazza

健行步道 No.2

Corniglia

Manarola
Riomassiore

　　五鄉地指的是沿岸的五座小漁村，由南往北分別為：Riomaggiore、Manarola、Corniglia、Vernazza、Monterosso。五鄉地人為了生活，竟然在陡峭的山壁上慢慢闢出田地種植葡萄。但這些田地太過陡峭，根本無法將採收的葡萄運下山，因此1973～1975年間，當地人開始利用一種特殊的單軌火車來運送工人及葡萄。

　　五鄉地人就在這樣艱難的自然環境中，形成獨特的人文環境，因此五鄉地被聯合國列為世界文化遺址，而不是自然遺址。更特別的一點是，遺址不只包括陸地而已，還包括天然海域，在Monterosso及Riomaggiore各有一個保護區，保育海中的生物。

　　推薦的景點包括著名的愛之小路位於Riomaggiore及Manarola之間，全程僅20分鐘路程；由Vernazza往Monterosso方向走，往回看Vernazza，以及Manarola往Corniglia，回望Manarola，均可拍到明信片般的美景（這段路約3.5公里，1.5小時路程）。Monterosso海灘遊客較多；Corniglia位於山脊上，需爬上377層階梯；Vernazza遊客則相對較少些；Riomaggiore較為純樸，可靜享這片海域。

阿瑪菲海岸及卡布里島

Costiera Amalfitana & Capri

　　南義的阿瑪菲海岸，曾獲選為一生必遊的五十大景點之一，那沉藍的海，就像村上春樹在《舞舞舞》裡提到的：「定睛看著時覺得心的最深處像被投入小石頭似的。」是那種美。阿瑪菲沿岸幾個著名的小鎮，以蘇連多住宿選擇最多，到卡布里島也最近；接下來是被慢食組織列為緩慢城市的波西提諾，紅、黃、白色的房舍疊疊層層在陡峭的懸崖上，是最具阿瑪菲特色的濱海小鎮。音樂之城拉維洛，雖然它是唯一不靠海的山城，不過也因此多了一分僻靜，鎮內的懸崖別墅Villa Cimbrone的美景，最是令人屏息，絕對是阿瑪菲海岸不可錯過的美麗小鎮。

交通　前往卡布里島：可由拿坡里直接搭船前往，由Molo Beverello碼頭搭快船約1小時船程。

順遊龐貝：可由拿坡里搭巴士或私鐵circumvesuviana到蘇連多Sorrento(約1小時車程)，中途停龐貝，再搭車到蘇連多轉搭船到卡布里島，約25分鐘船程。

前往阿瑪菲海岸：可由拿坡里搭SITA Sud巴士前往(可購買7天有效票)，或搭私鐵到蘇連多，再由此轉搭巴士或船到Positano、Amalfi、Ravello小鎮。現也有許多遊客會從蘇連多租摩托車遊玩，但務必要注意安全及保險，有些路段彎而窄。

巴士：www.unicocampania.it。

必吃　Scialatielli厚實義大利麵、海鮮。

必買　檸檬酒、檸檬香皂、檸檬香水。

必訪　卡布里島懸空纜車、拉維洛的Villa Cimbrone。

阿瑪菲沿岸著名的小鎮包括卡布里島、蘇連多Sorrento、波西塔諾Positano、阿瑪菲Amalfi、拉維洛Ravello。蘇連多可說是阿瑪菲沿岸的入口門戶，這裡住宿選擇也最多；一般遊客都是到卡布里島的藍洞，16:30過後，這座美麗的小島會變得可愛許多，很推薦住一晚；波西塔諾目前團客也相當多，小街巷人擠人的；相較之下，阿瑪菲小鎮反而好一些，但最美麗的小鎮為不靠海的拉維洛，這裡的Cimbrone別墅可看到絕佳的懸崖海景，每年還會定期舉行日出音樂會。

阿瑪菲
Amalfi

最著名的為華麗的主教堂Duomo di Amalfi。阿瑪菲曾是海上貿易強國，這座壯觀的主教堂即為極盛期所建，16～18世紀內部又加入巴洛克風格，而教堂左側的天堂迴廊（Chiostro del Paradiso）則是充滿迷人的摩爾風情。

波西塔諾
Positano

整座城市爬伸在60度的懸崖上，最亮眼的就屬黃、藍、綠彩磚裝飾的升天聖母教堂。據傳教堂裡的黑色聖母畫像是海盜從拜占庭盜來的，船行至此時遇暴風雨擱淺，這聖母自此也留在這裡。

玩樂篇

拉維洛奇姆博聶別墅
Villa Cimbrone, Ravello

拉維洛仿如阿瑪菲海岸上的一顆珍珠，整座城鎮玲瓏巧緻，令人喜愛不已，尤其是充滿童話色彩的奇姆博聶別墅，以及園內懸崖平台上那令人屏息的美景。每年的音樂季還會園內舉辦音樂會，部分建築也改為頂級旅館。

卡布里島
Capri

卡布里島藍洞是海水蝕鑿出的天然洞穴，因陽光折射而產生神迷的藍光，因此吸引無數遊客前來。不過看藍洞也要看運氣，有時會因海潮及天候因素而無法入洞參觀。

懸空座椅式纜車

卡布里還有座相當特殊的懸空座椅式纜車，可從Anacapri的Piazza Vittoria搭纜車上索拉羅山（Monte Solaro），可由此鳥瞰整座小島及無盡的湛藍海景。而聖米歇爾教堂（Chiesa di San Michele）則可欣賞到精湛的彩磚地板畫。

此外，還可以到市中心的溫貝多一世廣場及其周區的精品街逛逛，最後可參觀Giardini di Augusto，由園內的觀景平台可看到卡布里島美麗的Faraglioni情人石及懸崖海景。

由奧古斯都可看到這樣的懸崖海景

藍洞搭船方式

1. 最好09:00就從Marina Grande大港搭中船，可避開大量遊客人潮。遊船路線可選環全島的黃線或精華區的藍線。

2. 抵達洞口後，中船換小船，遊客多時，可能需要在海上等一段時間。

3. 進洞還須付藍洞門票。搭小船進洞需平躺才進得了。出洞後船夫會要求小費。

圖片提供／Venus

奧古斯都花園&聖賈科摩修道院

花園需購票，另可購買聯合修道院的套票，參觀完花園後，可到修道院參觀，內部常有優秀的短期策展。

普伊亞蘑菇村及巴洛克之城

Alberobello & Lecce

普伊亞區的首府是巴里(Bari)，但相較之下，巴里北方的緩慢城市特蘭尼反而是個較為宜人的海港城市，讓人很自然地放鬆下來；著名的巴洛克城市雷切，滿城令人眼花撩亂的巴洛克建築，真也只有佩服的份兒；而童話般的阿爾貝羅貝婁，是許多遊客專程南下的理由，整區的葡萄園、橄欖園裡，「種著」一棟棟的蘑菇屋，讓人忍不住拿著相機猛按快門。除了蘑菇村，看過橄欖樹海嗎？來吧！穿過白色小房舍之間蜿蜒的小巷道，站在奧斯圖尼山城邊眺望，就可一覽腳下的深綠色橄欖樹海與深藍色大海。

- **交通** Puglia區的主要城市為Bari，可善用國內廉價航空飛過來，再轉搭地區火車或巴士到Alberobello及Lecce。
- **必吃** 貓耳朵義大利麵、Tarallo脆餅(大推)、Rustica番茄起司餅、Espressino濃縮卡布奇諾。
- **必買** 普伊亞藍白花瓷器。
- **必訪** Alberobello蘑菇村、雷切聖十字教堂、石窟民居古城Matera。

Foggia
特蘭尼 Trani
巴里 Bari
Locorotondo
阿爾貝羅貝婁 Alberobello
奧斯圖尼 Ostuni
馬泰拉 Matera
Martina Franca
Brindisi
Taranto
雷切 Lecce

蘑菇村
Alberobello

童話般的阿爾貝羅貝婁，是許多遊客專程南下的理由，整區的葡萄園、橄欖園裡，長著一棟棟的蘑菇屋。這些類蘑菇狀的房舍稱為「Trullo」（複數為Trulli），17世紀時最為盛行，只要稅務官一來，居民就趕快把石塊搬掉，避免被課稅，等稅務官走了再重組起來。因此屋頂的部分沒有使用任何灰泥，直接以當地的石灰岩堆成圓弧尖頂。最頂端豎立著宗教及當地風俗的象徵符號，用以驅逐惡魔，永保安康。

蘑菇建築主要集中在里歐丘（Rione Monti），這裡有許多蘑菇屋商店。另一區則是Rione Aia Piccola，目前仍有許多居民住在這區。若想深入了解生活文化，則可參觀當地博物館（Museo del Territorio "Casa Pezzolla"）或當地最大的蘑菇屋Trullo Sovrano，而蘑菇屋造型的教堂Chiesa a Trullo Parrocchia di Sant'Antonio也值得一訪。

巴洛克之城 雷切
Lecce

雷切之所以能成為巴洛克之城，可說是天時地利人和。因為這附近出產一種質地軟、適合雕塑的雷切石，可讓藝術家大展身手，將之雕塑為雷切獨有的巴洛克風格「Barocco Leccese」。

17～18世紀時，波旁王朝卡羅五世意圖將雷切打造為普伊亞區的首府，因此聘請建築師在此大力興建當時最流行的巴洛克風格建築。目前城內還保留40多座當時建造的教堂及宮殿，其中最具代表性的為聖十字教堂（Santa Croce）。

這座教堂共花了350年的時間才完成，當你站在教堂前看著各種怪誕而誇張的裝飾時，絕對可以體會Marchese Grimaldi為何會說：「聖十字教堂讓他想到一個瘋子正在做惡夢。」然而教堂內部卻是理性的文藝復興風格。

此外，還可參觀大教堂Duomo及主廣場後面的2世紀古羅馬圓形競技場。

西西里島

Sicilia

　　拜訪西西里島的方式，可以選擇快速便利的國內飛機，但筆者更推薦由羅馬或拿坡里搭乘夜班火車，體驗整列火車上輪船，在剛破曉的清晨，緩緩接近這會讓你拜訪過後，一輩子思思念念的土地。因為這裡有著迷人的愛奧尼亞群島及老山城陶爾米納，還有老學者般的錫拉庫莎希臘文明古城，以及如一壺陳年老酒的西西里首府巴勒摩，而北部的切法盧(Cefalù)，則是島上最高級的濱海渡假小鎮。

卡塔尼亞
Catania

交通 最便捷的方式：搭國內航空到東部的Catania或西部的首府Palermo。
最特別的方式：搭夜火車，整輛火車進輪船過海，在晨曦中緩緩抵達西西里島。

必吃 松子沙丁魚麵、Cannoli起司捲餅、Granita冰沙、Marsala甜酒、辣椒巧克力、開心果。

必買 陶瓷、鹽漬續隨子、開心果醬、奧勒岡香料、Torrone杏仁糖(類似牛軋糖)、葡萄酒。

必訪 陶爾米娜、錫拉庫莎、巴勒摩、愛奧尼亞群島、San Vito Lo Capo或切法盧(Cefalù)濱海度假區。

　　這看起來似乎只是個普通的城鎮，但生活在這裡的人兒所散發出來的生命力，卻會久久留在人的心底，尤其別錯過城內的魚市場。

陶爾米納
Taormina

西西里島最迷人的古山城，光是走在主街道溫貝多一世大道（Corso Umberto I），就已令旅人的心悸動不已，因為街上盡是些摩爾風融合著西西里諾曼第風格的建築。而鎮上還有座背山面海的古希臘劇場，可以想像夏季在此看戲，是如何地美好。

此外，陶爾米納雖然坐落在200公尺的山上，但只要搭乘纜車，即可馬上來到海濱，而且這裡還有座美麗之島 Isola Bella。退潮時可走上細沙線漫步到小島上。

錫拉庫莎
Siracusa

錫拉庫莎曾是古希臘時期高度文明發展的城市，阿基米德就是泡在這裡的浴缸時，領悟到浮力理論，光著身子直喊著：「尤里卡！」（我發現了！）。

古城分為兩區，一區是多為希臘古遺跡的希臘城，最值得參觀的為考古公園及天堂採石場 Latomia del Paradiso，裡面有著結構特殊，可讓國王偷聽犯人說話的戴奧尼夏之耳洞穴Orecchio di Dionisio。而附近還有座因聖母顯靈留下淚珠

而建造的淚珠狀聖母教堂。

另一區則是Ortigia奧爾提加區，推薦住在這區，這裡有主教堂，及收藏卡拉瓦喬畫作《埋葬聖露西亞》的貝羅摩宮美術館Galleria Regionale di Palazzo Bellomo。

巴勒摩
Palermo

西西里島的首府巴勒摩，擁有相當豐富的古蹟，就像卡爾維諾在《看不見的城市》所寫的：這座城市不會訴說他的過去，而是像手紋包含著過去，寫在街角、窗欄……缺口和捲曲的邊緣。

巴勒摩的過去就寫在四拐角街口及羞恥之泉的古老雕像、充分展現阿拉伯諾曼第風格的大教堂、壯麗的皇宮，以及諾曼王朝時期最精湛的王室山主教堂建築。

八小城市

帕多瓦
Padova

距離威尼斯約40公里的帕多瓦，是一座哲人般的大學城（創立於1222年，為義大利第二古老的大學，伽利略曾在此教學）。這裡的斯克羅威尼禮拜堂Cappella degli Scrovegni，讓全球各地的遊客，不遠前來欣賞喬托如何透過聖母的淚滴、天使傷心欲絕的神情，靈巧地將聖母與耶穌的故事鋪陳在禮拜堂之中。

而城內的聖安東尼大教堂Il Santo，為重要的朝聖地，各地信徒不遠前來教堂內的聖安東尼墓室Santo禮拜堂，撫摸著石牆靜心祈禱。教堂內的藍色星空天花板，則是喬托另一創新設計。

此外，還可以參觀帕多瓦的大學建築波宮，接著可以到最具帕多瓦人文精神的Caffe Pedrocchi喝咖啡，再到華麗的哥德式建築——理性宮及主教堂參觀。

有時間的話，還可以到郊區的溫泉療養鎮Abano、義大利桂冠詩人佩脫拉克晚年居住的佩脫拉克村（Arquà Petrarca）及附近充滿哲思的Valsanzibio庭園。

維諾那
Verona

以茱麗葉的故鄉著稱的維諾那，是義大利最浪漫的城市之一，再加上這個城市位於威尼斯與米蘭之間，遊客多會停留參觀。

然而只短暫停留，實屬可惜，因為這是個好美的城鎮，喜愛購物者，絕對能在這裡一家又比一家迷人的商店裡，挑到獨特商品。

再加上每年夏季還會舉辦著名的歌劇季，在西元1世紀的古羅馬劇場，上演一齣齣著名的義大利歌劇（請詳見P.188）。當然，城內最著名的為茱麗葉之家，以及建築本身就相當值得參觀的老城堡Museo di Castelvecchio。

附近的Garda湖也很值得一訪，推薦入住Villa Dei Cedri Spa Hotel溫泉旅館或公寓，順遊附近迷人的濱湖小鎮如Sirmione、Peschiera del Garda、Bardolino、Castle of Malcesine等。

科摩湖及大湖
Como & Lago Maggiore

科摩湖自古羅馬時期就是避暑勝地，為義大利著名的名流度假地。科摩湖沿岸有好幾個美麗的小鎮，除了以絲料聞名的主要城鎮科摩之外，也相當推薦Bellagio。

而靠近瑞士邊境的大湖區，位於義大利與瑞士交界處，有別於南義的粗獷，這塊土地充滿北國的純淨，當海明威來到廣闊的大湖後，決定讓這塊土地成為《戰地春夢》（A Farewell to Arms）的故事場景。遊大湖區可以以Stresa為據點，參觀湖上的三座Borromee小島、Arona市集城鎮、及悠閒的Verbania Intra。

此外還相當推薦附近另一個較小的奧爾他湖區Lago d'Orta，這裡除了有大湖的沉靜外，還多了點童話氣息，尤其是Orta San Giulio小鎮及湖中小島、已列入世界文化遺址的天主教朝聖地Sacro Monte。相當推薦搭船到湖中央小島，參觀5世紀所建的Basilica di Saint Giulio老教堂，循著步道上的靜思語遊逛修道院一圈，享受一趟心靈之旅。

都靈
Torino

都靈16世紀時為Savoia王國的基地，城內有著壯麗的皇宮，後來成為義大利統一後的第一個首都，不但是義大利的工業重鎮，而且還是歐洲黑白魔法的分界點，因此這裡還有埃及境外最大的埃及博物館。

金碧輝煌的Palazzo Reale皇宮是17世紀為Savoia王室建造的，每間房間奢華的程度，真是令人驚歎。宮殿目前是中世紀藝術博物館，收藏相當豐富，有許多中世紀宗教畫、雕刻、陶瓷等。

此外，都靈也以榛果巧克力Gianduiotti著稱，並發明了獨特的Bicerin鮮奶可可咖啡，附近的Alba松露、Barolo頂級紅酒、Asti氣泡酒，更是義大利重量級的美食之鄉，知名冰淇淋Grom及以慢食理念開設的Eataly慢食超市也源自於都靈。

波隆納
Bologna

　　波隆納是義大利最古老的大學城，也是以照顧市民福祉為重的社會主義城市，更是義大利美食老饕不可錯過的城鎮，舉凡Mortadella大火腿、Ragu肉醬麵、Tortellini小肉餃、Tortelloni義大利餃都源自這裡，Eataly也在此開了美食樂園（P.121）。

　　城內主要景點為波隆納大學老校區的Palazzo Archiginnasio典雅建築、解剖教室；原為波隆納大家族Accursio宅邸的市政廳，也相當值得參觀；而主廣場海神噴泉旁的波德斯塔宮Palazzo del Podesta，以耳語長廊著稱，在對角線的牆角小聲說話，話語還是能清楚傳達到對方。

──── 到波隆納學做義大利菜 ────

　　來到這美食之都，推薦到La Vecchia Scuola學習幾道義大利菜，網址：www.lavecchiascuola.com。

蒙地那
Modena

　　蒙地那是義大利的國寶葡萄酒醋、法拉利、瑪莎拉蒂Maserati頂級車的故鄉，而他周區城鎮所產的Lambrusco氣泡酒、Parmigiano起司，也是世界著名的美食。非常推薦大家到蒙地那預約一家葡萄酒醋莊園參觀，給自己一個機會陶醉在迷人的陳年酒醋香中。

　　蒙地那區域也號稱為「The Land of Motor」，是許多知名汽車品牌的製造地，最著名的法拉利就位於附近的Maranello鎮，車廠所設的法拉利博物館，當然是全球車迷的朝聖地。

──── 蒙地那葡萄酒醋厲害在哪裡？ ────

　　蒙地那的酒醋只能使用這區的兩種葡萄釀造，完全不添加任何其他原料，自然陳釀而成，單只透過釀醋師每年的添桶程序，也就是以不同木材所製的醋桶為酒醋添調香氣。正統的葡萄酒醋至少要陳釀12年，另也有18年、25年、甚至50年的酒醋。（酒醋導覽團資訊：www.visitmodena.it）

玩樂篇

熱那亞
Genova

　　熱那亞雖然不是大部分遊客的首選，但只要來過這裡的訪客，都會驚豔於隱於城巷中「低調的奢華」。熱那亞是探險家哥倫布的故鄉，16世紀時與威尼斯、比薩並列為地中海三強。

　　雖然城鎮看來不起眼，但隱藏在巷中其實有許多值得參觀的宮殿，像是紅宮、白宮、土耳其宮（收藏Paganini的夢幻小提琴），而這航海王國還有座收藏東方文物的東方博物館。此外，這裡也相當適合親子旅遊，包括將大船當作第二展場的水族館、收藏哥倫布航行手稿的海洋博物館、適合2～14歲兒童從玩中學的兒童館。

　　海濱的老攤車魚市場、Pesto松子青醬、Antica Sciamadda老店的Farinata鷹嘴豆烤餅、Antica Friggitoria Carega的炸海鮮，也是熱那亞令人難以忘懷之處。

溫布里亞
Umbria

　　緊鄰著托斯卡尼的另一個省分溫布里亞，延伸了托斯卡尼的柔美線條，同時又能感受到一股純樸的真摯。這區有岩壁山城奧維多Orvieto的哥德式大教堂、伊特魯西亞人的地底世界、及迷人的小街巷；還有阿西西Assisi這玫瑰色的古聖城，可是聖方濟的故鄉。分為上教堂及下教堂的聖方濟教堂，內有喬托著名的28幅濕壁畫。

　　此外，大學城佩魯吉亞Perugia，每年夏季及冬季的爵士季，讓音符在古城各角落輕輕地敲動著，而主街上的法院及交易所內，還有Perugino大師優雅的濕壁畫。當然還有2500年前伊特魯里亞人便開始在山頂上創建聚落的天空之城Civita di Bagnoregio。

優雅走進歌劇院

▲ 維諾那古羅馬劇場
(圖片提供：攝影師Ennevi / Courtesy of Fondazione Arena di Verona)

歌劇，Opera，光是這個義大利字的發音，就好像一首蘊含起承轉合的小曲子了。義大利歌劇於17世紀開始時興，19世紀中期可說是歌劇的黃金時期，義大利的威爾第（Giuseppe Verdi）、普契尼（Puccini），將歌劇推到最高峰。

來到義大利最推薦的歌劇劇碼包括威爾第的《茶花女》、《遊唱詩人》、《弄臣》及《阿依達》、以及普契尼的《波希米亞人》、《杜蘭朵公主》、《蝴蝶夫人》、《托斯卡》，以及羅西尼《塞維利亞的理髮師》。

米蘭：史卡拉歌劇院

史卡拉歌劇院（Teatro alla Scala）是義大利最著名的歌劇院，每年12月7日米蘭守護聖人節開始新的歌劇季。

▲ 維諾那歌劇季之《遊唱詩人》
(圖片提供：攝影師Fainello / Courtesy of Fondazione Arena di Verona)

拿坡里：聖卡羅歌劇院

聖卡羅歌劇院（Teatro di San Carlo）是義大利最古老、規模最大的歌劇院，250年來從未改變過其迷人的古典氣息，且一直以優美的音效著稱。

威尼斯：鳳凰劇院

義大利歌劇可說是從威尼斯開始流行起，鳳凰劇院（Teatro La Fenice）宛如浴火鳳凰，曾遭祝融之災，後又重建。

維諾那：古羅馬劇場

每年6月中至8月底的歌劇季，都會在維諾那古羅馬劇場（Arena di Verona）上演動人心弦的歌劇季，在此聽《阿伊達》及《卡門》尤其過癮。

▲ 維諾那歌劇季之《蝴蝶夫人》
(圖片提供：攝影師Brenzoni / Courtesy of Fondazione Arena di Verona)

米蘭史卡拉歌劇院
http www.teatroallascala.org

拿坡里聖卡羅歌劇院
http www.teatrosancarlo.it

威尼斯鳳凰劇院
http www.teatrolafenice.it

歌劇購票資訊這裡查
http www.ticketone.it，除了可在各個歌劇院的官網上購買外，也可在這裡購買

玩樂篇

在義大利徒步觀光

在義大利觀光，該怎麼看街名呢？一般來說，街頭、街尾的牆上都有街名標示。義大利街牌都嵌在街頭與街尾的牆角上，路邊棕色的路牌則是附近景點的指標。

義大利大部分城市的主要觀光區都在古城區，古城區通常不太大，大部分街道不是單行道就是行人徒步區，很適合徒步觀光。走累了，可租腳踏車代步（共享單車ridemovi），其中尤以佛羅倫斯最適合騎腳踏車觀光。而威尼斯的話，就放下地圖，盡情迷路吧！街角牆上

▲ 夜晚有許多活動，可到當地的旅遊資訊中心索取資料

會有往火車站、往聖馬可廣場、學院美術館的標示，依這些大方向的指標行走，慢慢欣賞迷巷般的水都之美。

Eden Tour：羅馬城的徒步觀光，其中包括黃昏行程，網址www.edenwalks.com。

路上觀察 義大利獨特文化

新人從教堂出來，親友會拿著大把的白米丟向新人，有著多子多孫多福氣的意味。

門口若綁上藍色或粉紅色緞帶，則表示這家有新生兒誕生。

指指點點義大利文

觀光用語

Avete una guida della citta'?
請問有這個城市的觀光手冊嗎？

Posso avere una cartina della citta'?
可不可以給我一份地圖？

Come si arriva a......?
要怎麼去……？

Dov'e' la biglietteria?
售票處在哪裡？

Dove posso comprare il biglietto?
我可以在哪裡買門票？

Quanto costa il biglietto?
一張票多少錢？

Dove posso veder un'opera / un concerto?
哪裡可以看歌劇 / 音樂會？

A che ora inizia / finisce?
幾點開始 / 結束？

Quanti tipi di biglietti ci sono?
有哪幾種票價？

Ci sono riduzioni per giovani?
有沒有青年優惠票？

Qual e' il biglietto piu' economico?
最便宜的票是哪一種？

Ci sono ancora posti per stasera?
還有今天晚上的票嗎？

Si possono fare foto?
可以拍照嗎？

Ci sono posti in piedi?
有站票嗎？

Mi sono perso.
我迷路了。

Mi puo' indicare la strada per il mercato centrale?
請問中央市場怎麼走？

Hai sbagliato direzione.
你走錯方向了。

Sempre a diritto. / Vai a diritto.
直走。

Gira a sinistra.
左轉。

Gira a destra.
右轉。

Vorrei noleggiare una bicicletta.
我想租一輛腳踏車。

Quanto costa un giorno / all'ora?
1天 / 1小時多少錢？

Ha bisogno di un documento?
要押什麼證件嗎？

通訊篇
Communication

在義大利怎麼打電話、上網、寄信

要怎麼與親朋好友聯絡、與世界連上線，
看看本篇的打電話、上網、寄信等資訊便可知。

用手機通訊軟體打電話，既省錢又方便。

從台灣打電話到義大利

台灣國際冠碼+義大利國碼+區域號碼+電話號碼

撥打方法	台灣國際冠碼+	義大利國碼+	區域號碼+	電話號碼
市話打義大利市話	002等	39	06(羅馬)等	電話號碼
市話打義大利手機	002等	39	-	手機號碼
市話打台灣手機	-	-	-	直撥手機號碼
手機打義大利市話	+ (按加號)	39	06(羅馬)等	電話號碼
手機打義大利手機	+ (按加號)	39	-	手機號碼
手機打台灣手機	-	-	-	直撥手機號碼

＊義大利區域號碼：06(羅馬)、02(米蘭)、055(翡冷翠)、041(威尼斯)、081(拿坡里)
＊義大利所有市話區域號碼都不去0；義大利手機號碼前面都沒有0

從義大利打電話回台灣

義大利國際冠碼+台灣國碼+區域號碼+電話號碼

撥打方法	義大利國際冠碼+	台灣國碼+	區域號碼+	電話號碼
市話打台灣市話	00	886	2(台北，去0)	XXX-XXXX(7或8碼)
市話打台灣手機	00	886	-	手機號碼(去0)
手機打台灣市話	+ (按加號)	886	2(台北，去0)	XXX-XXXX(7或8碼)
手機打台灣手機	+ (按加號)	886	-	手機號碼(去0)

在義大利打當地電話

區域號碼+電話號碼

　　在義大利，打電話到任何地方，都要撥打區域號碼。例如，在羅馬市區要打電話到羅馬市區，仍要撥打區域號碼「06」，跟台灣不太一樣喔！此外，週日晚上23:00～06:00打電話費用最低。免費電話

(Numeri Verdi)的開頭為800。

想聯絡同行友人，若兩人均使用台灣手機門號漫遊，只要在手機內的通訊錄將友人手機號碼儲存為+886936123456，即可直接撥打。最前面設定「+」，到世界各國撥打時，手機就會自動以該國的國際冠碼撥打。

使用手機

事先申請國際漫遊，即可在義大利使用台灣手機及門號，但漫遊費用較高，建議申請關掉行動數據漫遊功能，購買當地可上網及撥打電話的電話卡。

手機漫遊

使用手機國際漫遊打電話回台灣：

1.要負擔2段的費用：第一段是從義大利打到台灣，第二段是從台灣轉接到受話方電話號碼。雖然較昂貴，但是遇到緊急情況或簡短報平安，直接手機撥打的確很方便。

2.接聽便付費：一旦你接聽電話，就得付國際漫遊這一段的費用，也就是說從台灣打電話給你的人，只要負擔從國內撥打你手機號碼這一段的費用，你則要負擔從台灣到國外這段費用。

3.簡訊報平安：從義大利發送國際簡訊，一則約台幣10元；國內用戶傳送簡訊到漫遊手機號碼，只需付國內傳送簡訊的費用。

♥ 貼心 小提醒

節省電話費

出國若要使用國際漫遊功能，可以將語音信箱關掉，因為只要一進入語音信箱，就會以昂貴的國際漫遊費計價。

4.手機充電：一般手機的充電器為萬國通用電壓，只需帶轉接插頭即可充電。

在義大利買預付卡

義大利手機通訊系統與台灣相同，到當地或在台灣拍賣網站購買的義大利SIM卡，直接置入台灣帶過去的手機即可。義大利主要電話公司有Tim、Wind、3（Tre）、Vodaphone、IIIad等，在當地出示護照即可購買預付卡。之後在Tabacchi或超市、電信服務處，都可再購買加值卡。若還要到義大利以外的國家旅行，最推薦購買Tim或Vodafone的電話卡（P.194）。

手機上網

雖然現在旅館幾乎都有無線網路，但若手機可上網，找路會方便許多。想在國外上網，可以選擇國內電信公司的國際漫遊上網方案，多人共遊則可租國內服務商的網路吃到飽分享器，或者到義大利購買當地的SIM卡，既可上網，還可通話，聯繫旅館、預訂餐廳都很便利。

各家電信公司的上網方案通常視**流量＋通話分鐘數＋簡訊數量**而定，總價約€30起。現在旅館及咖啡館幾乎都有無線網路，到有無線網路的地方就可關掉電信公司的網路。不看影片的話，一週應該用不到1G。

行家 祕技 **通話軟體推薦**

使用網路電話，例如Skype、Line等線上軟體。出國前可先購買Skype電話點數，即使對方不是Skype用戶，也可便宜撥打到全球各地的市內電話或手機。只要連上網路就可撥打電話到全球各地，不但可節省國際通話費，還可影音通話。

各家電信公司上網方案比較&推薦上網方案

電信公司	Tim	Vodafone	Wind 3
簡介	類似中華電信 http www.tim.it ● 涵蓋率較高 ● 遊客方案：TIM for Visitors為30天有效€14.99，含50GB上網量、200分鐘國內外通話量 ● 需先上網預約，再到當地的Tim直營店換取Sim卡 ● 適合上網量大者	類似遠傳電信 http www.vodafone.it ● 涵蓋率跟Tim差不多，甚至更好一些 ● 遊客方案：Vodafone Holiday，€30，含28天有效的300分鐘國內及43國通話費、300則國內簡訊、2GB上網量 ● 適合通話量大者	義大利第三大電信公司，同樣在主要火車站及市區都可找到直營店。 http www.windtre.it ● 遊客方案：Tourist Pass為30天有效€14.99，含20GB上網量、歐盟漫遊上網量13.7GB、100分鐘國內外通話量
eSim虛擬電話卡	目前義大利各大電信公司都已經推出電子化的電話卡，即使不是雙卡手機，也不需換卡即可使用當地電話卡。出國前可先在網路上購買全球或歐洲通用的eSim，或者在當地的直營店辦理，店員會給QR Code，掃描後依照步驟設定即可使用。設定時記得將自己原本電話卡的行動數據關閉，只開啟義大利當地電話卡的行動數據。		

＊方案時有變化，出發前請再上網查詢。

行家祕技 SIM卡哪裡買？

　　除了可先在國內的拍賣網站購買環球41國或歐洲37國的歐遊卡外，也可到當地的電信公司門市購買SIM卡。各大火車站及市區的商店街都設有門市，有些匯兌處也販賣SIM卡。

■米蘭、羅馬、佛羅倫斯火車站的地下商店均設有門市。

■佛羅倫斯百花聖母教堂旁的Via Martelli (Caffe Mocarico旁)，就可找到各家電信公司的門市。

■現在的SIM卡規格均適用各種尺寸的設計。

■通常插入卡片後1小時可開始使用。

行家祕技 上網吃到飽網路分享器

　　只要打開分享器，輸入密碼，手機、平板、電腦便可使用這台分享器的無線網路上網。每日平均費用為400台幣，多人共遊相當划算。

■一般上網都很順暢，若有當機問題，可將分享

■如何租借：出國前先上網預約(一般需至少3天前)及付款，服務商會將機器宅配到家或親自過去拿，回國後依指示歸還機器(通常機場設有還機箱)。

■服務商：Wi-Ho、Wi-Go、Global Wifi、eRoaming等。

■台灣的電信公司也提供海外上網服務，出國前可詢問自己的電信公司。

使用公共電話

　　義大利公共電話有3種，第一種是一般常見的投幣或插卡式電話，在較熱鬧的區域或地鐵、火車站都可以找得到，一些Bar裡面也有。第二種是可以用信用卡打電話的公共電話，一般可在機場看到。第三種是可上網的公共電話，不過義大利目前還很少見，只有羅馬一些比較熱鬧的觀光區才看得到。

善用網路通訊程式，節省國際電話費。

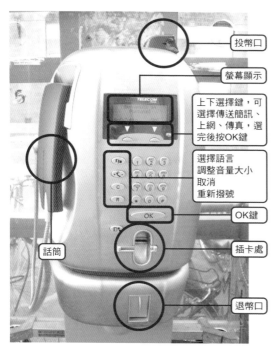

- 投幣口
- 螢幕顯示
- 上下選擇鍵，可選擇傳送簡訊、上網、傳真，選完後按OK鍵
- 選擇語言 調整音量大小 取消 重新撥號
- OK鍵
- 插卡處
- 話筒
- 退幣口

▲ 義大利路邊的公共電話亭

無線網路Wi-Fi Italia

　　全國性的無線網路Wi-Fi Italia已上線，目前各大城市主要地點都有熱點，並一直在擴增中。只要看到Wi-Fi Zone的字樣即可使用公共無線網路（需先在網頁上註冊）。此外，大部分旅館、咖啡館及書店也提供免費無線網路。

義大利郵政服務

　　歐盟國家對於郵寄物品相當嚴格，許多食物、電器品均不可郵寄。退回的話如果要領回，還要再付一段寄回的費用，所以郵寄之前最好事先詢問清楚。重要文件可以快捷方式(Posta prioritaria)寄，約4～8天。近年來明信片郵寄比較有效率，寄到亞洲地區約4～7天。較重的物品也可考慮集運寄送。

　　請注意 **投對郵筒！**義大利境內除了Posta Italia義大利郵政之外，還有幾家私營郵局，一定要投進該公司的郵筒才能順利寄出(請見P.196)。

(請見P.196)

🌐 郵局服務官網：www.poste.it/en

如何寄明信片

買郵票不一定要到郵局，也可到標有T字號的Tabacchi買，只需告知郵寄國家，Tabacchi老闆會幫你查詢所需郵資。貼好郵票後，投入郵筒，即可從義大利寄回台灣，時間大約14天。明信片一般寄件費用是€3.10。國際信件大都要秤重，還是得到郵局。

▲ 若有這個標誌，就表示可在這家店買郵票寄明信片

請注意 義大利除了國營郵局以外，還有GPS（Global Post Service）及Friend Post民營郵政。賣明信片的商家所賣的郵票，一般都是民營郵政，所以記得要把明信片投進民營郵政的信箱，若投到國營紅色郵筒可能會石沉大海喔！

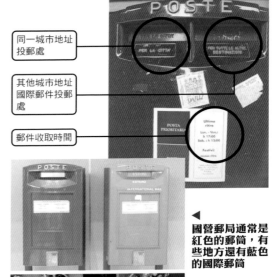

同一城市地址投郵處

其他城市地址國際郵件投郵處

郵件收取時間

▲ 國營郵局通常是紅色的郵筒，有些地方還有藍色的國際郵筒

▲ 私營郵務公司 Friend Post的郵筒
(照片提供 / Venus)

▲ 私營郵務公司GPS的標誌，標榜提供可追蹤郵件服務

▲ 梵蒂岡的黃色郵筒

▲ 私營郵局通常是黃色的小郵筒，通常設在明信片店的門口

如何在義大利收信

如果你在義大利旅行，沒有固定地址，但仍需要收信，可利用「Fermoposta」方式寄到某個城市的郵局，抵達該市該郵局後，出示護照，領取你的郵件。例如，如果你預計會到佛羅倫斯（Firenze）收信，則可將地址寫爲：

```
From: David WU
      PO Box 11-111
      Taipai 11111              郵票
      Taiwan
      To: Tai Ya WU
          Fermo Posta
          Firenze 50144
          ITALY
```

固定費用爲€3，信件最長可保留30天。

http 查詢收信郵局地址：www.poste.it/prodotti/fermoposta.html

如何郵寄包裹

義大利積極改善郵務，現在還可上網或下載APP郵寄信件。重20公斤、長105公分以下的一般包裹爲€30～90。寄包裹的方式如下：

1 Step **包裹包裝妥當**：事先將物品用箱子裝好，並用膠布黏好。

2 Step **填寫郵寄表單**：先拿取郵局內的包裹郵寄單，將地址及品項填寫清楚。

3 Step **抽取號碼牌**：抽取號碼牌，排隊等候。

4 Step **窗口寄出**：入內等候叫號，到窗口郵寄包裹。

指指點點義大利文

電話用語

Tessera telefonica per telefono pubblico
公共電話卡

Dove c'e' un telefono pubbulico?
哪裡有公共電話？

Vorrei una carta telefonica internazionale da 5 euro.
我想買一張5歐元的國際電話卡。

Mi puo' aiutare a fare questo numebro?
你可以幫我打這個電話嗎？

Vorrei attivare un prepagato.
我想買1個預付電話號碼。

Avete ricariche Tim / Wind / Vodaphone per cellulare?
這裡有賣Tim / Wind / Vodaphone的預付卡嗎？

Da €10/ 30?
我要€10 / 30的卡。

Mi puo aiutare a attivarlo?
你可以幫我設定嗎？

上網用語

Dov'e' un centro internet?
哪裡有上網中心？

Quanto costa all'ora?
1小時多少錢？

Si puo' stampare?
可以列印嗎？

郵寄用語

Pacco celere Internazionale
國際包裹

Via aerea (airmail)
國際航空信

Posta prioritaria
快捷信

Raccomandata / Assicurata
掛號信

Posta celere (CAI Post)
國內郵局快遞

Dov'e' l'ufficio postale?
請問郵局 / 郵筒在哪裡？

Dove posso imbucare la lettera?
哪裡可以寄信？

Vorrei comprare una scatola per spedizioni.
我想買包裹用的紙箱。

Quanto costa spedire questo in Taiwan?
寄到台灣要多少錢？

Vorrei comprare i francobolli per spedire questo.
我想買郵票寄明信片。

應變篇
Emergencies

在義大利發生緊急狀況怎麼辦？

出門在外，總有不測風雲的可能，可能生病了，也可能丟掉東西；
甚至，也不能忽略「內急」這種緊急事件，本章告訴你遇到各種緊急狀況，
該怎麼處理。

物品遺失

錢財不重要，人平安就好。

護照遺失

重要證件最好分別放在不同的地方，這樣能降低所有證件都被偷的風險。護照不慎丟了該怎麼辦：

向當地警察報案

向當地警察報案，並取得報案證明（Police Report）。

駐義大利台北辦事處

前往駐義大利台北辦事處（羅馬）申請補發護照。

台灣駐義大利辦事處

駐義大利台北辦事處(羅馬)
✉ Viale Liegi 17
☎ 39-06-9826 2800(當地直撥06-9826 2800)
　緊急聯絡電話：+39-366-806-6434
➡ 由特米尼火車站搭公車或電車3、19或360號，
　到Urgheria-Liogi站下車

駐教廷大使館
Embassy of the Republic of China to the Holy See
✉ Via della Conciliazione 4/d, 00193 Roma, Italy
☎ 行動電話：+39-3668066434
　當地直撥：3668066434
http www.taiwanembassy.org/VA

※ 資料時有異動，請以官方公布的最新資料為主

財物遺失

如果所有的錢都被偷了，在當地又沒有朋友，該怎麼繼續接下來的行程？以下提供應變辦法：

西聯匯款服務

請家人到與台灣合作的銀行，利用Western Union西聯匯款服務，指名要匯給誰，匯到哪個Western Union服務處（歐洲服務處相當多），匯款後告訴你密碼，之後只要持護照並告知密碼，即可立即拿到匯款。沒有意外的話，幾個小時內就可拿到錢。

Western Union

♥ 貼心 小提醒

證件資料備份，另外保存

出國前，一定要把護照、簽證、機票、信用卡(記下信用卡卡號)、旅行支票(記下旅行支票號碼)影印2份，一份留給親友，另一份與正本分開放，攜帶出國。如果任何證件遺失了，可直接拿出影本辦理掛失。

信用卡遺失

信用卡若不慎遺失，有2道掛失手續，可簡單辦理：

打電話或找銀行掛失

請立即打電話到發卡銀行掛失（可以使用免付費電話），或打回家請家人幫忙掛失，時間拖得越長，被盜刷的機會越大。**請注意** 出國前最好先記下信用卡卡號，以方便掛失作業。

辦理補發

回國再補發新卡。**請注意** 可申請緊急代替卡及緊急預借現金。

信用卡遺失這裡辦

各家信用卡義大利掛失電話
American Express卡：00 800-2100-1266
Master卡：手機直撥免費電話 +1-636-722-7111
Visa卡：手機直撥免費電話 +1 303 967 1090

※ 資料時有異動，請以官方公布的最新資料為主

旅行支票遺失

出國前，請務必記下旅行支票的序號，並將支票與合約背書分開放。若不小心遺失旅行支票，有以下處理步驟：

打電話或找銀行掛失

撥打購買旅行支票時拿到的聯絡資料，通常購買合約背書都有全球掛失止付電話及詳細說明，可依照指示進行支票補發。

辦理補發

攜帶護照、購買支票的稅單、還沒用的支票序號，到當地辦事處辦理止付，現場即可補發支票。如果當地無法補發，回國後，請攜帶購買憑據及掛失證明，前往原購買銀行申請補發。

旅行支票遺失這裡辦

各家旅行支票義大利掛失電話
American Express：08001444229
Visa：0800874155 (有中文服務)

※ 資料時有異動，請以官方公布的最新資料為主

路上觀察 義大利治安狀況

義大利遊客很多，遊客多的地方，小偷生意就比較好。一般來說，義大利偷竊問題比較嚴重，除了拿坡里會有機車搶劫外，其他地區的治安都還算好。義大利人晚上很喜歡出門晃晃，所以夜間出門都還算安全。不過，建議盡量將重要物品放在旅館，不要走人煙稀少的小巷道。

在國外旅行，沒有什麼事情是無法解決的。護照丟了找辦事處補辦；錢丟了，可請家人利用匯款服務，當天就可拿到錢，急難救助可請辦事處幫忙。無論如何都有辦法回台灣，不要太慌張，人身安全是最重要。

▲ 拖行李時，常是小偷下手的時機，記得拿好貴重物品

發生緊急狀況

向外交部或駐外辦事處求助。

迷路

找警察局

義大利的警察局分為一般警察Polizia及憲兵警察Carabinieri，差別只在所屬單位不同而已，有問題時，兩種警察都可協助。重要景點附近都可看到警察的身影。

找Information中心

各城市的火車站或市中心都設有旅遊中心，標示為「i」。

找旅館或咖啡館

義大利旅館及咖啡館隨處可見，迷路時，可試著請任何一家旅館的櫃檯人員(尤其是4～5星級旅館)協助。

實用求救APP

Help Me-SOS internation： iOS及Android系統。只要事先儲存求助對象，發生車子拋錨需要求助或任何危險事件，按SOS或Alert按鍵，程式就會自動傳送你的正確位址給你的朋友，也可聯絡緊急救助單位。iPhone手機也有內建救援功能。

發生意外

打電話報警

緊急狀況時可直接用公共電話撥打113報警或118叫救護車，不需投幣。

找咖啡館

義大利各街角的咖啡館也是最佳的緊急求助所。例如有人跟蹤時，就可以趕緊跑進咖啡館，告知老闆這樣的情況，請求協助。義大利咖啡館老闆的角色，有點像該區的里長伯。

找駐義大利台北辦事處

重大問題可以尋求台灣駐義大利辦事處及駐教廷大使館協助。在國外，台灣駐當地辦事處，就像是台灣人在國外的家，遇到急難事件，都可請辦事處的人幫忙。

此外，出國前請先記下保險公司及海外急難救助電話。也可撥打外交部設立的旅外國人急難救助全球免付費電話。

生病受傷

在國外旅行，生病時，如果是小病可以到藥局買成藥，方法跟台灣一樣，向藥局的藥劑師敘述病症，即可購買一些小藥品；如果是急重症，則可打電話叫救護車，或詢問旅館的人，要怎麼到最近的醫院掛急診。重要的觀光景點附近，也都會有救護車待命。 **請注意** 在國外看醫生，要記得請醫生開立證明及收據，回國後全民健保可給付海外診療醫藥費。

◀ **醫院的標誌為國際通用的紅色十字，而藥局標誌則為綠色十字**

遇到火災

如遇到火災，盡快尋找「**Uscita**」出口離開，消防救災電話為115。

急難救助電話看這裡

外交部旅外國人急難救助全球免付費電話：
+886 800 085 095
地區警察113　　　　　　憲兵警察112
消防隊115　　　　　　　救護車118

※ 資料時有異動，請以官方公布的最新資料為主

行家祕技　　防竊、防騙有絕招

■防範突然接近的陌生人，有些人會以問路、問時間等方式搭訕，或者故意將咖啡或冰淇淋倒在你身上或行李上，然後佯裝幫忙清理。請務必迅速離開。

■乘坐列車時需隨時留意行李，切勿飲用陌生人提供的食物或飲料。

■吉普賽人會三五成群出現在遊客較多的地方，有些會手持報紙、地圖或抱嬰兒遮掩，再下手偷竊。遇到這種情形，大聲喊「VIA」(走開)或「Polizia」(警察)。

■大教堂或廣場前，有些賣鴿子飼料的小販會直接將飼料塞給你，等你餵了以後再跟你要錢。米蘭大教堂附近有許多黑人會喊著Free，丟編織手環給你，也是同樣的手法，千萬不可以收下。

■擁擠的大眾運輸(如公車、電車、地下鐵)才是小偷下手的地點。上車時若發現有人故意擋在門口不動，而且後面有人硬擠時，請提高警覺，包包不要背在後面。如果遇到這種情況，最好改搭下班車、暫時離開現場。搭

乘羅馬的64號公車時要特別注意。上車有座位就趕快坐下，手可放在包包上面，讓小偷知道你有提高警覺提防。

■在義大利開車，下車時請收好車內的行李及隨身物品，絕對不可將包包放在車內。竊賊有可能打破車窗竊取車內物品。即使是放在後面的行李箱，也有被撬開的可能。開車途中，倘若有陌生人向你示意停車，並佯稱車子有問題(如車胎破了)，此時應提高警覺。

■南義偶有歹徒騎摩托車搶劫包包的事件，建議背斜肩式包包，並盡量不要單獨行動。如果真的遇搶，千萬不要逞強，就給他吧，人身安全最重要。

■會有假警察藉搜身之名行竊或開假罰單(如餵鴿子)，一般警察很少會這麼做。

■在羅馬一些觀光客較多的餐廳，結帳時記得要看一下帳單。在卡布里島聖奧古斯都花園買門票時也要注意門票上的價格。

■信用卡建議開啟即時消費通知功能並設定密碼，以免被盜刷。

找廁所

想上廁所，也是一種緊急事件，不妨先了解一下義大利在「如廁」這方面的風俗民情，才不會到了當地很難適應。

▲ 若有這個標示，表示那裡的水不能生飲

義大利付費公共廁所

到火車站內使用公共廁所大都需要付€1，一些重要景點也設有流動式公共廁所。

義大利免費公共廁所

上咖啡館喝咖啡、飲料，一定要把握時間順便上個廁所；或是到大賣場、百貨公司、大型超市、書店時，也可以趁機借用廁所。 **請注意** 義大利雖然教堂很多，但都未設公廁，跟台灣的廟宇不太一樣喔！

如何使用廁所

如廁後，請將衛生紙直接沖入馬桶，不丟垃圾桶。上完廁所，洗手時，有些咖啡館內的洗手台，是設在地上或牆角的腳踏式水龍頭，不用手開水龍頭，滿符合衛生概念的。洗完手，洗手台旁邊設有拉捲式擦手布。

▲ 許多觀光景點也設有流動廁所

▲ 火車站內都有收費廁所

▲ 沖水器分按鈕和腳踏式兩種

▲ 走在路上，看到這樣的標誌，表示該方向有公共廁所

▲ 有蓋子的那個是馬桶。較低、無蓋的，則是冬天不洗澡時，用來清洗重要部位的盆子

▲ 義大利公共場所的洗手盆，大都以腳踏出水，頗為衛生

應變篇

路上觀察 義大利街頭大發現

壞掉公告

Fuori Servizio就是壞掉或不服務的意思，還滿常看到的，尤其是車票的自動販賣機。

銀行萬重山

進義大利銀行要通過重重關卡，一次只能一人進出。

老城石板路

義大利古城都是石板路，拖行李時總不甘寂寞地哼著義大利小調。

義大利夜生活

晚歸方法

雖然古城的住宿會比郊區貴一點，但還是比較建議住在古城區(除非自己開車)，晚上較方便到附近的餐廳、酒吧，而且也可夜遊古城，太晚沒有地鐵了，也不用擔心交通問題。

交通方法

一般城市的地鐵營運到00:00～01:00，地鐵收班停駛之後，還會有夜班公車，站牌會標為N(Notturno夜班車的縮寫)或者標有「貓頭鷹」的符號。

晚上搭計程車比較貴，但若是多人共乘，則會比較划算、方便。在義大利打電話叫計程車，是從計程車收到叫車通知的地點，就開始計費。

指指點點義大利文

應變用語

Numero del travel cheque / 旅行支票號碼

Al ladro! / 搶劫！

Aiuto! / 救命！

Vomito / 嘔吐

Diarrhea / 拉肚子

Ospedale / 醫院

Chiamate la polizia.
請幫我叫警察。

Dov'e' la stazione di polizia piu' vicina?
最近的警察局在哪裡？

Ho perso i documenti / biglietto aereo / travel cheque.
我的護照 / 旅行支票掉了。

Ho perso il portafoglio / la borsa.
我的皮包掉了。

Mi hanno derubato.
我的東西被搶 / 偷了。

Vorrei fare una denuncia.
可以給我一份失竊證明嗎？

Sono ferito / mi sento male, chiamate un'ambulanza.
我受傷 / 生病了，幫我叫救護車。

Dov'e' la farmacia?
哪裡有藥局？

Mal di pancia / testa.
我肚子痛 / 頭痛。

Vorrei andare al pronto soccorso.
我要掛急診。

Dov'e' il toilet?
廁所在哪裡？

Posso usare il toilet / bagno?
我可以使用廁所嗎？

So
Easy

義大利

救命小紙條 你可將下表影印，以英文填寫，並妥善保管隨身攜帶

個人緊急聯絡卡
Personal Emergency Contact Information

姓名 Name：

國籍 Nationality：

出生年分(西元) Year of Birth：

性別 Gender：

血型 Blood Type：

護照號碼 Passport No：

台灣地址 Home Add：(英文地址，填寫退稅單時需要)

緊急聯絡人 Emergency Contact (1)：

聯絡電話 Tel No.：

緊急聯絡人 Emergency Contact (2)：

聯絡電話 Tel No.：

信用卡號碼 Creadit Card No.：

海外掛失電話 Creadit Card Contact No.：

信用卡號碼 Creadit Card No.：

海外掛失電話 Creadit Card Contact No.：

旅行支票號碼 Traveler's Check No.：

海外掛失電話 Traveler's Check Contact No.：

航空公司國內聯絡電話 Airline Taiwan Contact No.：

海外聯絡電話 Airline Oversea Contact No.：

投宿旅館 Hotel (1)：

旅館電話 Tel No.：

投宿旅館 Hotel (2)：

旅館電話 Tel No.：

其他備註 Others：

義大利救護車 118
消防隊 115
地區警察報案電話 113
憲兵警察報案電話 112
外交部旅外急難救助專線
+886 800 085 095
全球免付費急難救助電話
+886-800-0885-0885

駐義大利台北辦事處(羅馬)
連絡電話：39-06-9826 2800
當地直撥：06-9826 2800
緊急聯絡電話：+39-366-806-6434

駐教廷大使館
行動電話請撥：(39)347-1748814
當地直撥：347-1748814